Michael Richter
Fluchtpunkt Europa

Michael Richter

# FLUCHTPUNKT EUROPA

## Unsere humanitäre Verantwortung

Bibliografische Information der Deutschen Nationalbibliothek

Die Deutsche Nationalbibliothek verzeichnet diese
Publikation in der Deutschen Nationalbibliografie;
detaillierte bibliografische Daten sind im Internet unter
http://dnb.d-nb.de abrufbar.


© edition Körber-Stiftung, Hamburg 2015

Umschlag: Groothuis. groothuis.de
Covermotive: Brayn Denton/NYT/Redux/laif
Herstellung: Das Herstellungsbüro, Hamburg|
buch-herstellungsbuero.de
Druck und Bindung: CPI – Clausen & Bosse, Leck
Printed in Germany

ISBN 978-3-89684-172-8

www.edition-koerber-stiftung.de

*Für alle, die auf der Flucht nach Europa*
*ums Leben gekommen sind*

# Inhalt

# Fluchtmotive:
# Krieg, Verfolgung, Hunger

Bamako, Hauptstadt von Mali, an einem heißen Tag im April. Auf dem zentralen Markt drängen und schieben sich Tausende von Menschen. Der Markt ist aufgeteilt in Sektionen: Hier sind Stoffe zu finden, Tücher, Kleider, T-Shirts. Dort Haushaltsartikel, Töpfe, Pfannen, Geschirr. Eine Reihe von Ständen bietet Fetische an, Tierfelle, Affenschädel. Und überall Lebensmittel, Obst, Gemüse. Etwas abseits sitzen in einer ruhigen Ecke Mouneissa Traoré und ihre Tochter Nahawa. In einem kleinen Gefäß, das vor ihnen auf dem Boden steht, bieten sie Plastiktütchen mit Orangenbrause an: »Das trinken die Kinder gerne, weil es so bunt und so süß ist«, erklärt Mouneissa Traoré, eine Frau von Anfang dreißig. Sie verkauft nicht viel. »Wir sind neu hier, die Markthändler lassen uns nicht an einer Ecke sitzen, wo viele Leute vorbeikommen.« – Die Traorés versuchen sich mit dem Verkauf der Brause über Wasser zu halten. Sie leben erst seit wenigen Monaten in Bamako und sind vor dem Krieg im Norden des Landes in die Hauptstadt im Süden geflohen: »Die Islamisten kamen von Norden, es gab Schießereien in der Stadt, da sind wir geflohen. Wir waren nicht mehr sicher.«[1] Die Traorés sind Kriegsflüchtlinge im eigenen Land. Im Moment leben sie noch von ihren Ersparnissen und hoffen, bald in ihre Heimatstadt zurückkehren zu können. Aber die Situation ist unsicher, immer wieder erschüttern Anschläge den Norden Malis. »Der Staat tut überhaupt nichts für uns, wir sind völlig auf uns gestellt. Wir können froh sein, wenn wir abends satt zu Bett gehen. Meine Kinder können nicht zur Schule gehen, sie ist zu weit weg, der Bus fährt selten und ist teuer.«

Die Traorés sitzen in der Falle. Wie ihnen ergeht es Tausenden ihrer Landsleute. Ähnliches gilt für viele Menschen in den Nachbarstaaten Niger, Tschad oder Nigeria, wo seit Jahren Terrorgruppen wie Boko Haram wüten und Hunderttausende zwingen, ihre Heimat zu verlassen. Sie fliehen über die Grenze in die Nachbarstaaten, wo sie in Lagern der UN-Hilfsorganisation UNHCR Schutz suchen. In dieser Situation fassen Familien manchmal den Entschluss, eines ihrer Kinder, meist sind es die Söhne, nach Europa zu schicken. Sie hoffen darauf, dass er dort in Sicherheit ist und eine Zukunft haben wird. Für die Reise sammelt dann die ganze Verwandtschaft Geld. Alle wissen, dass diese lang und gefährlich sein wird und die Gefahr besteht, dass der Junge niemals ankommt. Aber sie sehen keine Alternative.

Auf den jahrhundertealten Trans-Sahara-Routen, die Nordafrika mit den Sub-Sahara-Staaten verbinden, sind jetzt Transporte mit Migranten unterwegs: »Die Region hat sich zu einer entscheidenden Transitstelle für Migranten aus Schwarzafrika entwickelt, die versuchen, Europa zu erreichen. Bis Mitte Juni 2015 haben Schätzungen zufolge mehr als 106 000 Menschen Europa über den Seeweg erreicht. Etwa

57 000 sind davon in Italien gelandet, fast ausschließlich über Libyen und seine südlichen Nachbarländer kommend. UN-Funktionäre prognostizieren, dass zwischen 80 000 und 120 000 Migranten den Niger in diesem Jahr durchqueren werden.«[2] Es sind vor allem Kriege und Dauerkonflikte wie jener in den Sahelstaaten, die die Menschen in die Flucht treiben. 60 Millionen Menschen waren es 2014 – so viele wurden noch nie vom UN-Flüchtlingshilfswerk UNHCR verzeichnet.[3]

Weltweit gab es im letzten Jahr 19,5 Millionen Flüchtlinge, 38,2 Millionen Binnenvertriebene und 1,8 Millionen Asylsuchende. Dabei schultern die Hauptlast der Flüchtlinge nicht etwa die reichen Länder. 86 Prozent aller Flüchtlinge befanden sich 2014 in wirtschaftlich ärmeren Ländern. Die Türkei hat bis Ende 2014 1,6 Millionen Flüchtlinge aufgenommen und ist damit weltweit an der Spitze. Der Bürgerkrieg in Syrien mit 7,6 Millionen Binnenvertriebenen und knapp 4 Millionen Flüchtlingen in den Nachbarstaaten hat die gravierendsten Auswirkungen auf die Zivilbevölkerung. Aber auch andere Kriege produzieren Flüchtlingsbewegungen, sodass inzwischen etwas mehr als 5 Millionen Flüchtlinge auch in Europa leben.

Zum Beispiel *Afghanistan*: Auch zwölf Jahre nach der Besetzung Afghanistans durch die US-Amerikaner ist das Land nicht zur Ruhe gekommen. 2,5 Millionen Afghanen sind außer Landes geflohen, 80 000 haben in anderen Ländern um Asyl gebeten, 40 000 sind 2014 irregulär in die EU eingereist. Zum Beispiel *Somalia*: Der Staat ist zerfallen. 1 Million Somalier sind auf der Flucht, nur 40 000 haben Asyl beantragt, 20 000 kamen über das Mittelmeer nach Europa. Zum Beispiel *Eritrea*: Hier treibt ein despotisches Regime die Menschen außer Landes, offiziell über 300 000 Menschen. Inzwischen sind davon über 50 000 Eritreer übers Mittelmeer geflohen.

Die explosionsartig steigenden Flüchtlingszahlen der vergangenen Jahre zeigen, dass auch Europa sich den Konflikten von Afghanistan bis Mauretanien, dem Zerfall der Staaten von Irak bis Somalia, den Nöten der Menschen südlich der Sahara bis nach Pakistan nicht mehr entziehen kann. Die Kriege und ihre Gewalt, die daraus resultierenden wirtschaftlichen Krisen und Hungersnöte – viele Tausend Kilometer weit entfernt –, sie schicken ihre Abgesandten, die Flüchtlinge, bis ins Herz Europas. Daran ist Europa historisch nicht schuldlos: In aller Regel haben europäische Staaten Einfluss auf die Situation in den Ursprungsländern ausgeübt. Zahlreiche Konflikte sind nicht zuletzt vor dem Hintergrund der kolonialen Grenzziehung im 19. bzw. 20. Jahrhundert zu verstehen. Die Destabilisierung ganzer Regionen beruht auch auf dem militärischen Eingreifen der USA und seiner westlichen Verbündeten. Der andauernde Krieg im Irak mit dem Erstarken des Islamischen Staats (IS) oder der Zerfall Libyens und die anschließende Erosion staatlicher Strukturen in den Nachbarländern sind dafür nur die jüngsten Beispiele.

»Fluchtpunkt Europa« nimmt den Leser mit auf eine Reise von den Lagern im Libanon bis zum Leben in einer deutschen Flüchtlingsunterkunft. Dabei wird deutlich werden, wie rigide Europa versucht, sich seiner politischen Verantwortung zu entziehen: Es geht vor allem darum, die »Festung Europa« uneinnehmbar zu machen. Geradezu panisch reagieren viele Politiker in der EU angesichts der Menschen, denen es gelingt, das Mittelmeer oder die Grenzanlagen zu überwinden. Verglichen mit den 4 Millionen syrischen Flüchtlingen, die die Türkei, der Libanon und Jordanien aufgenommen haben, sind fünf Millionen Flüchtlinge auf über 400 Millionen EU-Bürger eine geringe Zahl.

Seit ihrer Gründung ist die Rolle der europäischen Grenzschutzagentur Frontex immer wichtiger geworden. Sie steht geradezu symbolisch für die Abschottung der EU, befeuert jedoch gerade damit das Schlepperbusiness, das sie zu bekämpfen vorgibt. Einzelne Nationalstaaten, besonders Griechenland und Bulgarien, handeln in Eigenregie – allein gelassen von den übrigen EU-Staaten. Mit zum Teil brutalen Methoden zwingen sie Flüchtlinge zur Umkehr und damit manchmal in den Tod. Diese Push-Back genannte Praxis verletzt nicht nur EU-Recht, sondern auch die Prinzipien der Genfer Flüchtlingskonvention.

Aber es gibt auch Lichtblicke: Als Reaktion auf die beiden furchtbaren Tragödien, die sich im Oktober 2013 vor der Küste Lampedusas ereigneten und Hunderte Tote forderten, beschloss die italienische Regierung, die Überwachungstätigkeit ihrer Marine bis an die libyschen Hoheitsgewässer auszudehnen. Durch die Operation »Mare Nostrum« retteten die Italiener so über 100 000 Menschen aus Seenot. Ein Engagement, das im Laufe des Jahres auf heftige Kritik stieß: »Mare Nostrum« ermutige nur die Schlepper, marode Boote loszuschicken und noch mehr Geld zu verdienen. Nach einem Jahr wurde die Operation beendet – offiziell, weil die übrigen EU-Mitgliedsstaaten sich weigerten, monatlich neun Millionen Euro für die Kosten aufzubringen. Tatsächlich, weil die Operation das falsche Signal an die Flüchtlinge war: Es hatte eine Weile so ausgesehen, als ob wenigstens ein Mitgliedsstaat der EU Erbarmen zeigte. Stattdessen erhöhte man das Budget der Frontex-Operation »Triton« und arbeitete weiter an der Installierung des Überwachungssystems »Eurosur«, das in Zukunft mit Hilfe von Satelliten und Drohnen den gesamten Mittelmeerraum auf verdächtige Bewegungen hin untersuchen soll.

Der Einflussbereich der EU erstreckt sich im Übrigen nicht nur auf die Grenzregionen im Süden und Osten der EU. Das zeigt ein Abkommen zwischen der Internationalen Organisation für Migration (IOM), der EU-Kommission und Italien: Seit Sommer 2015 sollen Teams aus der EU entlang bekannter Migrationsrouten im Niger Flüchtlinge abfangen, bevor sie nach Libyen kommen und dort die Boote besteigen können. Parallel sollen Auffangzentren entstehen, um die Flüchtlinge vor Ort unterzubringen.[4]

Wer es dennoch schafft, durch die Maschen zu schlüpfen und in ein Land der EU zu gelangen, der sollte sich nicht zu sicher fühlen. Die Auffanglager in Griechenland und Bulgarien, in denen Flüchtlinge untergebracht, die Gefängnisse in Ungarn, in denen Asylbewerber festgehalten werden, oder die Ruinen, in denen Flüchtlinge in Italien unterkommen müssen – sie sind oft menschenunwürdig. Die Asylsysteme in Griechenland oder Bulgarien verdienen ihre Bezeichnung bislang nicht. Die Versorgung von Flüchtlingen in Italien ist oft völlig unzureichend. Der Rassismus, mit dem Flüchtlinge in Ungarn nicht selten behandelt werden, steht dem in manchem ihrer Herkunftsländer in nichts nach.

Und Deutschland? – Ein widersprüchliches Bild. Innenminister Thomas de Maizière gehörte zu den schärfsten Kritikern von »Mare Nostrum« und sorgte mit dafür, dass das Seenotrettungsprogramm beendet wurde. Die Bundesregierung beharrt bisher auch darauf, »Dublin« weiter aufrechtzuerhalten – also die EU-Verordnung, dass Asylbewerber in dem europäischen Land bleiben müssen, wo sie zuerst registriert wurden. Damit sind die Hauptankunftsländer Italien, Griechenland und Bulgarien jedoch völlig überfordert. Andererseits ist Deutschland das Land in der EU, das die meisten Flüchtlinge aufnimmt – ca. 800 000 werden es Ende 2015 sein.

Auch die Zivilgesellschaft bietet ein heterogenes Bild. Ehrenamtliches Engagement vieler Tausend Menschen hierzulande steht im Kontrast zu den Bränden, die in Unterkünften für Asylbewerber gelegt werden. »Kein Mensch ist illegal« versus Hassdemos. In Deutschland zeigt sich die ganze Bandbreite gesellschaftlicher Einstellungen, wenn es um Flüchtlinge geht.

Die Entwicklung der letzten Jahre hat deutlich gemacht: Wenn wir heute über Flüchtlingspolitik reden, geht es nicht um ein Randgruppenthema, das populistisch für die Stammtische verhandelt werden kann. Flüchtlingspolitik ist auf mehreren Ebenen eine große Herausforderung für Politik und Zivilgesellschaft – auf Jahre hinaus. Und eine Chance.

Wir müssen konstruktiv damit umgehen und im großen Maßstab denken: Etwa indem wir die demokratischen Entwicklungen in afrikanischen und asiatischen Staaten fördern und mit ihnen eine faire Handelspolitik betreiben. Andernfalls werden sich die Wanderungsbewegungen verstetigen und mit jeder Krise verstärken. Wir müssen unsere Asylgesetzgebung entlasten und ein Einwanderungsgesetz schaffen, das die Voraussetzung für Arbeitsmigration bietet. Wir müssen darauf dringen, dass grundlegende Menschenrechte in allen EU-Staaten gelten, bei Verletzungen der EU-Menschenrechtscharta müssen die betreffenden Staaten auch sanktioniert werden. Und wir sollten die Chancen nutzen, die uns der Zuzug gut ausgebildeter und motivierter Flüchtlinge bietet.

»Fluchtpunkt Europa« ist das Ergebnis einer mehrjährigen Beschäftigung mit der europäischen wie auch im Speziellen der deutschen Flüchtlingspolitik. Zunächst sind daraus zwei Filme entstanden: »Festung Europa« für ARTE und »Riskante Reise« für das ZDF. Viele Interviews, aus denen ich hier zitiere, sind bei den Recherchen und Dreharbeiten für diese beiden Dokumentationen entstanden. An dieser Stelle möchte ich Kathrin Bronnert von der ARTE-Redaktion in Hamburg und Claudia Ruete und Beate Höbermann vom ZDF in Mainz für die Möglichkeit danken, mich intensiv mit dieser Thematik auseinanderzusetzen. Außerdem danke ich meinem Kollegen Özgür Uludag für die Erlaubnis, das Interview zu verwenden, das er mit einem Schlepper in Istanbul geführt hat. Schließlich danke ich der Körber-Stiftung, die mir mit dem vorliegenden Buch die Möglichkeit gibt, auf die existenzielle Not vieler Hunderttausender Flüchtlinge aufmerksam zu machen. Mein Lektor Bernd Martin hat mich während der Entstehung unermüdlich und konstruktiv begleitet – dafür herzlichen Dank.

Mein Sohn Nicki hat zahlreiche Daten und Belege überprüft und mir so den Rücken freigehalten, als der Abgabetermin unerbittlich näher rückte. Und meine Frau Gabi hat mich mit ihrem Urteilsvermögen, ihrer Liebe und Zuversicht auch durch dieses Projekt getragen. Alle Fehler in diesem Buch gehen natürlich zu meinen Lasten.

# Nachbarn

## Libanon – Eine Stunde bis zum Krieg

Camp Fayda 1 im Bekaa-Tal. Zwanzig Kilometer von hier verläuft die Grenze zwischen dem Libanon und Syrien. Auf einem Feld entlang einer Teerstraße stehen aufgereiht Wellblechhütten und Zelte – ein improvisiertes Flüchtlingscamp. Hier leben etwa 4000 Menschen, die über die Berge aus Syrien hierhergekommen sind, meist mit nichts als ein paar Koffern.

Das Bekaa-Tal ist der Obstgarten des Libanon. Die Gegend versorgt das ganze Land mit Obst und Gemüse, hier gedeihen berühmte Weine, die bis nach Europa exportiert werden. Die Bauern der Gegend stellen den ankommenden Flüchtlingen aus Syrien brachliegende Flächen neben ihren Feldern für etwas Geld zur Verfügung. In wenigen Tagen entstehen kleine Siedlungen aus Zelten oder Hütten. Hunderttausende Menschen leben so entlang der Grenze zu Syrien, es ist der kürzeste Weg, um der Gewalt zu entkommen.

Die Lebensbedingungen sind jedoch oft katastrophal. Im Winter, der von November bis März dauert, fallen die Temperaturen nachts häufig unter null Grad. Schnee, Regen,

Hitze, Staub – die Menschen sind ihnen hier nahezu unge-
schützt ausgeliefert. Hilfsorganisationen wie das UN-Flüchtlingshilfswerk UNHCR versorgen die vielen Flüchtlinge wenigstens teilweise mit Zelten.

In den letzten drei Jahren sind so 1,2 Millionen Syrer in
den Libanon gekommen, der ursprünglich 4,5 Millionen Einwohner hatte. Das wäre so, als wenn 20 Millionen Flüchtlinge nach Deutschland kämen. Eine Herausforderung, vor
der eigentlich jede Gesellschaft kapitulieren muss. Und tatsächlich gibt es im Libanon Hass und Übergriffe auf Syrer.
Die UN hat auf Betreiben der libanesischen Regierung die
Registrierung neuer Flüchtlinge zeitweise ausgesetzt, die
libanesischen Behörden bleiben weitgehend untätig. Sie
sind ebenso überfordert wie unwillig. Die libanesische Gesellschaft besteht aus etwa einem Dutzend Religionsgemein-
schaften, die sich scharf voneinander abgrenzen. In dem
gerade mal 25 Jahre zurückliegenden eigenen Bürgerkrieg
haben sie sich gegenseitig tiefe Wunden zugefügt, die kaum
vernarbt sind. Internationale NGOs und zivilgesellschaft-
liche Initiativen versuchen diese Lücke zu schließen – was
natürlich nicht überall gelingt. Erstaunlich ist dennoch, wie
friedlich die meisten Libanesen auf den Flüchtlingsansturm
reagieren.[1]

Baraa, eine junge Frau von 25 Jahren, lebt mit ihrem Vater
in einem der Zelte. Bis vor vier Wochen waren auch noch
ihre Mutter und ihre beiden Brüder hier. Aber da die beiden Jungen kurz vor dem Abitur stehen, sind sie mit ihrer
Mutter schweren Herzens zurück in ihre Heimatstadt Homs

gegangen. Hier im Lager hätten sie keine Chance, einen Abschluss zu machen. Ohne ihn haben sie gar keine Grundlage, denken sie, wenn sie versuchen, sich woanders ein Leben aufzubauen.

Aber die Rückkehr bedeutet ein großes Risiko. Denn Homs ist eine umkämpfte, in weiten Teilen zerstörte Stadt. Immer wieder wird sie von den Kämpfern des IS angegriffen. *Human Rights Watch* wirft dem IS vor, mit Autobomben, Mörserfeuer und Raketen Hunderte von Zivilisten getötet und verletzt zu haben. Die Autobomben würden lediglich dazu eingesetzt, die Zivilbevölkerung zu terrorisieren, und hätten keinerlei militärischen Sinn.[2]

Die bittere Ironie ist, dass der Vater Baraas und ihrer Brüder Schulleiter in Homs war – aber seinen Söhnen kann er hier nicht helfen. Damit der Flüchtlingsalltag nicht alles überwältigt, unterrichtet der Vater jeden Tag ein paar kleine Kinder in seinem Zelt. Ein paar Schulhefte liegen auf einem Stapel, ein paar Malstifte, mehr haben sie nicht. Wenn er nichts tut, geschieht gar nichts. Die Kinder sind sonst sich selbst überlassen, die Erwachsenen haben genug damit zu tun, den täglichen Kampf ums Überleben zu bestehen.

Es fehlt an allem: »Hier sind die hygienischen Verhältnisse katastrophal«, sagt Baraa, »besonders im Winter, wenn es kalt ist, regnet und sich der Untergrund in Morast verwandelt.« Die Studentin und ihr Vater leben jetzt seit über einem Jahr im Camp: »Als wir hier ankamen, war ich völlig schockiert. Zu Hause ging es uns gut, es fehlte uns an nichts. Hier muss das Wasser herangeschafft werden, wir haben am Tag nur eine Stunde Strom. Es gibt auch keine Abwasserkanäle.

Die Männer finden kaum Möglichkeiten zu arbeiten, sodass es überall an Geld fehlt. Wenn man krank wird, was unter diesen Bedingungen häufig geschieht, können sich die meisten keine Medikamente leisten. Und die Kinder spielen die ganze Zeit auf den Feldern oder auf der Straße, was für eine vergeudete Zeit!«[3]

Baraa versucht trotzdem, tapfer zu sein. Sie kocht für ihren Vater und unterstützt ihre Nachbarn, aber die Perspektiven dieser jungen und gebildeten Frau sind düster. So hofft Baraa vor allem, bald nach Hause zurückzukehren. Dabei ist ein Ende des Krieges nicht abzusehen.

Wer etwas Geld hat, versucht, zwei Autostunden weiter nach Beirut zu kommen. Die Hauptstadt ist zum Anziehungspunkt für Hunderttausende Flüchtlinge geworden, sie hat eine Schokoladenseite: Die Hochhaus-Skyline erinnert an eine amerikanische Großstadt, Luxusautos und gut besuchte elegante Restaurants prägen auf den ersten Blick das Straßenbild. Aber die Stadt ist geteilt, immer wieder stößt man auf Straßensperren: Die libanesische Regierung und ihre Armee kontrollieren nur die christlichen Viertel der Stadt. Die Hisbollah, Verbündete des syrischen Regimes und vom Iran unterstützt, bestimmt das Leben im muslimischen Teil. Die Stadt ist zerrissen. In den Vororten und den Seitenstraßen ist die Millionenmetropole immer noch gezeichnet von dem verheerenden Bürgerkrieg der 1990er Jahre. Ruinen, halb fertige Neubauten, verlassene Mietshäuser – hier, in leer stehenden Wohnungen und in Kellern, suchen die Flüchtlinge Unterschlupf. Manche kommen bei Freunden oder Verwandten unter.

**Flüchtlinge pro Kopf**

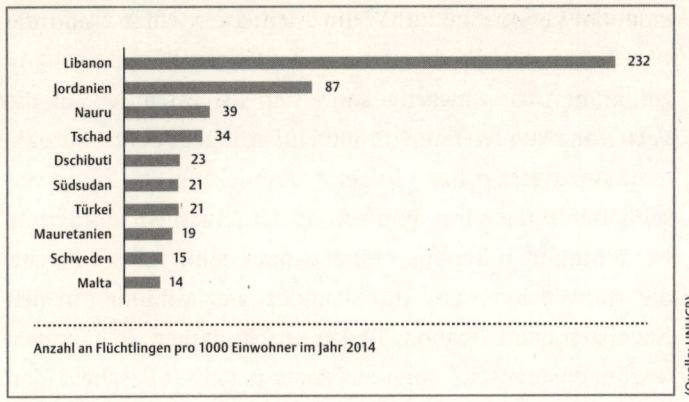

Anzahl an Flüchtlingen pro 1000 Einwohner im Jahr 2014

(Quelle: UNHCR)

Niemand kennt die Situation der Menschen dort so gut wie das UNHCR, das im Herzen der Altstadt untergebracht ist. Im Hof des Gebäudes stehen jeden Morgen Hunderte Menschen im Freien Schlange. Sie alle kommen aus Syrien, sie alle wollen weiter. Keiner will hier bleiben, wo er keine Perspektive hat, wo er inzwischen manchmal angefeindet wird. Auch wenn die Stimmung in der Stadt erstaunlich friedlich ist – es sind auch immer wieder Stimmen zu hören, die sagen: Die Syrer nehmen den Libanesen die Arbeit weg, und ihretwegen steigen die Mietpreise.

Familien mit kleinen Babys, Alte, Schwangere, einzelne Männer. Für sie alle ist der Hof des Hilfswerks das Nadelöhr. Hier müssen die Flüchtlinge den UN-Beamten erklären, warum sie besonders schutzbedürftig sind, warum sie in die USA, nach Kanada oder nach Europa gelassen werden sollen. Die westlichen Länder stellen nur geringe Kontingente bereit. Bis zum Mai 2015 hat das UNHCR 87 350 Aufnahmeplätze erfasst – angesichts von 1,2 Millionen Flüchtlingen eine viel zu geringe Zahl. Vor allem Deutschland und die USA haben bisher sogenannte Kontingentflüchtlinge aufgenommen. Gegenwärtig kann sich die EU nicht auf die Verteilung von weiteren 20 000 Flüchtlingen, deren Aufnahme man zugesagt hat, einigen.[4] Die meisten EU-Länder verschließen rigoros ihre Pforten vor dem Ansturm aus Syrien. Neun Millionen Syrer, so schätzt man, sind auf der Flucht, die meisten innerhalb ihres Landes, vier Millionen in den Nachbarstaaten Libanon, Türkei und Jordanien. Monatelang warten die Menschen hier auf einen positiven Bescheid, den es für die meisten nie geben wird.

Die junge Libanesin Joelle Eid vom UNHCR kennt die Gefühlslage der Flüchtlinge gut: »Am Anfang sind die Menschen froh, dass sie es aus dem Krieg herausgeschafft haben. Aber dann beginnen die Fragen: Wie kann ich hier leben, wie geht es jetzt weiter?« Die Situation für die Flüchtlinge bleibt konstant angespannt. »Natürlich sind wir dankbar für alle Zusagen, Flüchtlinge zu übernehmen. Aber tatsächlich sind sie nicht mehr als der berühmte Tropfen auf den heißen Stein. Außerdem: Was auf Geberkonferenzen behauptet wird, ist das eine. Was hier bei uns dann ankommt, um die Flüchtlinge mit dem Notwendigsten zu versorgen, das andere.« So seien Gelder der EU und der USA schon vor Monaten zugesagt worden und immer noch nicht eingetroffen. Nur etwa acht Prozent der Flüchtlinge, die im Libanon gestrandet seien, bekämen einen Aufenthalt im Westen angeboten.[5]

Deutschland hat bisher etwa 36 000 Flüchtlingen zugesagt, sie ins Land zu holen – 20 000 Plätze hat der Bund bereitgestellt, etwa 16 000 Plätze zusätzlich bieten Länderprogramme.[6] Die meisten dieser Kontingentflüchtlinge wurden hier in Beirut vom UNHCR in Zusammenarbeit mit deutschen Behörden ausgewählt. Die Kriterien: Die Menschen müssen in besonderem Maße hilfsbedürftig sein, wie etwa Mütter mit behinderten Kindern. Oder wie Christen, die als besonders verfolgt gelten. Die Flüchtlinge müssen einen Bezug zu Deutschland haben und in Deutschland Qualifikationen entwickeln, um nach Ende des Krieges beim Wiederaufbau des Landes zu helfen.

Emat Kolazar und seine Familie sind durch dieses Nadelöhr geschlüpft. Vor einigen Monaten haben sie einen Antrag beim UNHCR gestellt und zunächst lange nichts mehr gehört. Eigentlich hatten sie die Hoffnung schon aufgegeben. Jetzt ist es so weit. Emat und Nahla sollen mit ihren Kindern Carlos, Christine und Christian in 14 Tagen nach Deutschland ausfliegen. Sie haben keine Vorstellung, warum ausgerechnet sie ausgewählt wurden: »Wir haben zwar ein paar Verwandte, die schon in Deutschland leben, aber unser Schicksal ist auch nicht anders als das von vielen anderen.« Wie viele Christen wurde Emat zu Beginn des Bürgerkrieges in Damaskus verfolgt und saß monatelang im Gefängnis. Nach seiner Freilassung floh er nach Beirut und fand einen Job als Hausmeister. Mit seiner Frau und seinen drei Kindern lebt er in einem Kellerraum neben der Tiefgarage des Apartmenthauses, in dem er arbeitet.

Emat zeigt stolz das Zuhause seiner Familie. Er und seine Frau haben den Kellerraum von vielleicht 25 Quadratmetern mit seinen Betonwänden und den tristen Abzugsrohren in so etwas wie eine gemütliche kleine Wohnung verwandelt. Stellwände schaffen drei winzige Zimmer. Die Kinder schlafen in Doppelstockbetten, es gibt eine Küche, ein Bad und ein Wohnzimmer. Hier schlafen die Eltern auf einer Ausklappcouch. Inzwischen ist es noch enger geworden: Vor vier Wochen ist die Frau von Emats Bruder mit ihren drei Kindern dazugekommen. Der Bruder wurde vor vier Wochen in Damaskus verhaftet und ist seither verschwunden. Seine Frau erhielt nirgends Auskunft über den Verbleib ihres Mannes und bekam solche Angst, dass sie nach Beirut floh. Als er über die bevorstehende Reise nach Deutschland spricht, steigen Emat die Tränen in die Augen: »Was soll ich tun, ich kann doch meine Schwägerin mit den Kindern nicht alleine zurücklassen?« Niemand spricht es aus, aber alle befürchten, dass sein Bruder nicht mehr zurückkommt.[7]

In den letzten Wochen vor der Abreise müssen die Kolazars noch einen Kurs zur Vorbereitung auf das Leben in Deutschland absolvieren. Mit ihnen sitzen noch weitere Familien im Büro der IOM, die den Kurs immer durchführt, wenn wieder ein Flugzeug nach Deutschland mit Flüchtlingen voll ist. Keine der ausgewählten Familien spricht Deutsch, niemand hat jemals einen Fuß nach Europa gesetzt. Ein Crashkurs in Sachen Kultur, Sprache und Formalitäten soll die ersten Schritte leichter machen. Die Teilnehmer platzen fast vor Aufregung. An diesem letzten Kurstag steht Kofferpacken auf dem Programm. 20 Kilo für ein neues Leben – was nehme ich mit? Einige packen Lebensmittel ein, andere Shampoo, Zahnpasta. Das Probepacken nimmt kein Ende. Die meisten sind ratlos. Sie müssen fast alles zurücklassen. Ein paar Kleider, Schuhe, dann sind die 20 Kilo ausgeschöpft.

## Kontingentflüchtlinge – Der Zufall entscheidet

Nur ein Bruchteil der syrischen Flüchtlinge wird so ausgewählt und kann ganz offiziell mit dem Flugzeug nach Deutschland einreisen. Hunderttausende kamen seit Ausbruch des Bürgerkrieges mit dem Boot übers Mittelmeer oder werden in Lkws oder zu Fuß über die grünen Grenzen geschmuggelt. So ging es Maya Alkhechen und ihrer Familie. Aber Maya kannte Deutschland schon. Sie ist in Deutschland aufgewachsen und zur Schule gegangen. Nach dem Abitur beschloss sie, in ihr Heimatland Syrien zurückzugehen. Auch nach vielen Jahren in Deutschland war der Aufenthaltsstatus ihrer Familie in Deutschland noch immer ungeklärt, ständig drohte ihr die Abschiebung. Ihre Familie blieb, Maya ging nach Damaskus: »Ich hatte die Nase voll von Deutschland. Dann schrieb mein Onkel: Komm doch zurück nach Syrien.«[8] – Maya heiratet bald, sie bekommt zwei Kinder. Dann bricht der Krieg aus.

Maya und ihre Familie leben in der Nähe einer Kaserne der syrischen Armee. Ihre Straße ist Schauplatz intensiver Kämpfe. Tagelang können sie die Wohnung nicht mehr verlassen. Die Familie schläft nur noch auf dem Boden, um nicht von Querschlägern getroffen zu werden. Die Situation wird so unerträglich, dass die Familie nach Ägypten flieht.

Dort versucht Maya, Kontakt mit der deutschen Botschaft aufzunehmen: »Ich habe keinen anderen Ausweg gesehen, als zu bitten, dass wir nach Deutschland dürfen. Wir hatten schon nach ein paar Wochen in Kairo kein Geld mehr. Mein Mann und ich konnten uns ausrechnen, wann wir mit unseren zwei kleinen Kindern auf der Straße leben müssten.«

Maya schreibt der deutschen Botschaft eine Mail. Eine standardisierte Antwort verweist sie auf die Möglichkeit eines Asylverfahrens in Deutschland. Dabei erfüllen Maya und ihre Familie alle Kriterien für Kontingentflüchtlinge: Ihr erster Sohn hat eine geistige Behinderung, ihre Familie lebt in Deutschland, und ihr Mann besitzt Land in Syrien, wohin er unbedingt zurückkehren möchte. Verzweifelt versucht Maya, direkt zum Botschafter zu gelangen. Aber sie bekommt keine Gelegenheit, ihm ihren Fall vorzutragen.

»Da haben wir unser letztes Geld zusammengekratzt und einen Schlepper bezahlt. In drei Tagen, hat er uns versprochen, sind wir in Italien.« Etwa 7000 Euro kostet die vierköpfige Familie die Überfahrt. In einer Wohnung in Alexandria werden die Flüchtlinge versammelt: »In dieser Wohnung sagte man uns, ihr habt Glück. Es ist ein großes Schiff und ihr seid kaum 80 Personen. Da beruhigt man sich eigentlich und denkt, hört sich gut an.« Aber dann kommen immer mehr Flüchtlinge an. Am Ende wird sie erfahren, dass 310 Personen auf dem Schiff waren. »Niemand durfte die Wohnung mehr verlassen. Es hieß, wer rausgeht, wird getötet. Ihr müsst drin bleiben, bis ihr zu den Booten kommt. Nachts gingen dann die Türen auf und wir wurden zu den Booten am Strand geführt, die uns zu dem großen Schiff brachten. Das war schon schlimm: Wie wir auf das große Schiff regelrecht geworfen wurden, es gab keine Leiter, nichts. Danach haben sich viele übergeben, egal ob Frauen, Kinder oder Männer.«

Das Schiff ist vollkommen überfüllt, der Motor fällt immer wieder aus. Das Wasser wird knapp, die Menschen dürfen sich nur nach einem bestimmten Zyklus auf dem maroden Kahn bewegen, weil er sonst Schlagseite bekäme und unterginge. Maya bleibt möglichst in der Mitte, sie hält ihre beiden kleinen Söhne die ganze Zeit fest, weil sie Angst hat, sie könnten in einem unbeobachteten Moment über Bord gehen.

»Am zweiten Tag, als der Motor immer wieder ausging, war klar, dass wir niemals nach drei Tagen in Sizilien sein würden. Jedes Mal, wenn wir die Schleuser fragten, hieß es, morgen Mittag. Morgen Mittag. Und wir wussten, dieser morgen Mittag würde nicht kommen. Wenn man so da sitzt und nichts tun kann, alles ist schmutzig, die Kinder haben kaum etwas zu essen und zu trinken, verzweifelt man.«

Schließlich geschieht ein kleines Wunder. Nach sechs Tagen werden sie von der italienischen Küstenwache aufgegriffen und nach Sizilien gebracht. Sobald sich die Gelegenheit bietet, fahren sie mit dem Zug nach Essen.

Wenn Maya heute ihren Kindern beim Spielen zusieht, fallen ihr wieder die Szenen auf dem Schiff ein: »Das war wirklich eine Todesfahrt. Und man muss sehr viel Glück haben, um das zu überstehen. Ich kenne jetzt das Gefühl, wenn man mitten auf dem Meer ist, voller Furcht. Man schaut seine Kinder an, ich hatte sie die ganze Zeit auf dem Schoß, und hört nicht eine Sekunde auf, zu denken: Was geschieht, wenn wir umkippen, was würde ich dann machen? Dann müsste ich zusehen, wie meine Kinder ertrinken. Ich wusste, dass ich sie nicht hätte retten können. Auch wenn manche Menschen Mitgefühl haben, sie werden nicht verstehen können, wie es ist, auf so einem Boot in Lebensgefahr zu sein. Das kann niemand verstehen, der das nicht erlebt hat.«

Heute lebt Maya wieder in Essen in der Nähe ihrer Familie. Die vier haben jetzt einen sicheren Aufenthaltsstatus. Maya ist unendlich erleichtert, überlebt zu haben. Aber sie findet die Haltung der deutschen Behörden verlogen: »Die tun so großzügig. Aber wie soll man denn nach Deutschland kommen, wenn man nicht im Kontingent landet? Soll man übers Mittelmeer springen? Die meisten Flüchtlinge müssen dafür ihr Leben aufs Spiel setzen.«[9]

Auch die Kolazars sind inzwischen in Deutschland. Gemeinsam mit über 100 anderen Flüchtlingen sind sie mit dem Flugzeug in Hannover gelandet und ins Auffanglager Friedland bei Göttingen gebracht worden. Hier hat man schon in den 50er Jahren des vergangenen Jahrhunderts deutsche Flüchtlinge aus dem Osten Europas untergebracht. Nur wenig jünger, scheint es, ist das Mobiliar der Zimmer, in denen die Flüchtlinge 14 Tage leben werden, bevor sie an ihre eigentlichen Aufenthaltsorte weiterziehen. Stockbetten, der Linoleumboden hell gescheuert, die Schranktüren schließen schlecht.

Emat und Nahla wirken ein bisschen erschrocken, eigentlich sieht es hier fast so aus wie in ihrer improvisierten

Wohnung in Beirut. Auch ihre Kinder, Carlos, Christian und Christina, schauen sich etwas unsicher um. Aber dann fangen sie sich und bringen gemeinsam ihre wenigen Habseligkeiten unter: »Ich tue das alles für meine Kinder«, lächelt mir Nahla zu: »Ich selbst habe alles zurückgelassen, meine Familie, unsere Freunde. Ich habe alles geopfert. Aber meine Kinder sollen wieder ein Leben in Frieden führen können, ohne Angst, ohne Unsicherheit.«[10] Die Kolazars freuen sich auf Deutschland.

## Tunesien – Lager der Vergessenen

Noch einmal zurück, südlich des Mittelmeers, ins Flüchtlingslager Choucha. Nur wenige Kilometer von der libysch-tunesischen Grenze entfernt wurde es 2011 mitten in der Wüste eingerichtet, um Menschen, die vor dem libyschen Bürgerkrieg flohen, unterzubringen. Vor allem arabische und schwarzafrikanische Gastarbeiter, die Gaddafi ins Land geholt hatte, wurden bedroht und umgebracht, denn als Ausländern wurde ihnen eine Nähe zum gestürzten Diktator unterstellt. Zu Hochzeiten lebten bis zu 5000 Menschen in Choucha: Palästinenser, Ägypter, Malier, Nigerianer. Manche von ihnen kehrten in ihre Heimatländer zurück. Viele versuchten, mit Booten weiter übers Mittelmeer zu fliehen, um dieser Zeltstadt in der Wüste zu entkommen.[11]

Einer von ihnen ist Moussah Kadaw, 17 Jahre alt. Er lebt seit fast einem Jahr in Choucha. Sein Zelt ist vielleicht acht

Quadratmeter groß, ein paar Kleider hängen an einem durchgebogenen Kleiderhaken. Eine Wolldecke aus UNHCR-Beständen bedeckt den Zeltboden. Im Lager hat Moussah ein wenig Englisch gelernt. Aus Somalia musste er fliehen, erzählt er, weil Milizen ins Haus seiner Mutter gekommen waren, um ihn mitzunehmen. Er sollte mit 14 Jahren für sie kämpfen.

Als Moussah sich wehrte, packten sie seine linke Hand und verkrüppelten sie mit einer glühend heißen Zange. Trotzdem gelang es ihm zu fliehen, durch die Wüste nach Libyen. Dort kam er mitten in den Bürgerkriegswirren an und wurde als unerwünschter Ausländer prompt ins Gefängnis gesteckt. Er zeigt auf seinen Oberschenkel – eine Narbe von einem Messerstich. Im Gefängnis hätten die Wächter ihn gefoltert, nur so, aus Spaß.

Moussah hoffte darauf, irgendwie auf ein Boot nach Europa zu kommen: »Hier in der Wüste ist man lebendig begraben, niemand interessiert sich für dich, nur das UNHCR versorgt das Lager mit Wasser und Lebensmitteln.« Er kennt Leute, die vom Lager zurück über die Grenze nach Libyen gegangen sind, um auf ein Boot zu kommen, und ertrunken sind. Doch das schreckt ihn nicht: »Ich habe nichts zu verlieren. Wenn Gott will, werde ich überleben.«[12]

Oder die junge Familie von Ajia und Chihed mit ihren beiden kleinen Kindern. Auch sie kamen aus Somalia, einem Staat, der schon lange aufgehört hat zu funktionieren. Warlords und Milizen beherrschen seit Jahren die Straßen. Die Gesellschaft ist nach Clanstrukturen organisiert. Wer dem falschen Clan angehört, ist schnell an Leib und Leben bedroht. So auch Ajia und Chihed. Das junge Paar musste durch die Wüste fliehen, einen kleinen Säugling auf dem Rücken, gemeinsam mit ihrer Großmutter. Für die alte Frau war der Weg zu schwer, sie blieb eines Tages liegen und konnte nicht mehr weitergehen.

Die junge Familie landete nach Monaten in Zuwara, einem der libyschen Häfen, von denen die meisten Boote nach Europa auslaufen. Sie gaben all ihr restliches Geld einem Schlepper. Tagelang waren sie unterwegs, bis sie von einem italienischen Küstenwachboot aufgegriffen wurden, erzählen sie. Das geleitete sie aber nicht etwa nach Sizilien oder Lampedusa, sondern brachte die Flüchtlinge zurück an die afrikanische Küste, nach Tunesien. Auch sie leben in Choucha schon seit Monaten unter schwierigsten klimatischen Bedingungen – unerträgliche Hitze am Tag, eisige Kälte nachts.[13]

Choucha ist für diese Menschen zu einer Falle geworden. Dort wurden die Flüchtlinge in der Wüste »geparkt«. Genau so, wie es sich europäische Politiker einmal vorgestellt hatten. Tony Blair, damals britischer Premierminister, schlug schon 2003 in seiner Rede »New Vision for Refugees« vor, diejenigen, die einen Asylantrag in der EU stellen, hinter deren Außengrenzen zurückzuschieben. In sogenannten »Transit Processing Centres« vor den Toren der Union sollten EU-Beamte gemeinsam mit dem UNHCR und dem IOM Lager unterhalten. In diesen Lagern sollte dann von EU-Beamten entschieden werden, wer nach Europa ausreisen dürfe und wer in sein Herkunftsland zurückgebracht werden solle. Als die Pläne bekannt wurden, folgte ein Proteststurm.[14]

Das störte den damaligen deutschen Innenminister Otto Schily 2004 jedoch nicht. Er sah sich auf einer Linie mit Tony Blair und forderte ebenfalls Lager für Flüchtlinge in Nordafrika. In den meisten Fällen sei es die bessere Lösung, Flüchtlingen in der Nähe ihres Heimatortes Aufnahme zu gewähren.[15] Auch zehn Jahre später hält Otto Schily die Grundidee nach wie vor für richtig. In seinem Büro, das der Altpolitiker im Berliner Zentrum unterhält, verteidigt er seine damalige Position: »Wir müssen eigentlich ein vorgelagertes System haben, nämlich an der afrikanischen Mittelmeergrenze. Dort müssen wir die Möglichkeit bieten, ein Asylverfahren zu beantragen. Warum eigentlich nicht? Wir könnten das so organisieren, dass jemand dahin gehen und sagen kann: ›Ich will gerne Asyl beantragen.‹ Wir müssen sozusagen unsere Migrationspolitik vorverlagern.«[16]

Praktisch würde das jedoch nichts anderes bedeuten, als Asylsuchende in Ländern festzuhalten, die nicht als sichere Drittstaaten angesehen werden können – und damit die Aushebelung der Genfer Flüchtlingskonvention und der damit verbundenen europäischen Schutzgesetze für Asylsuchende. Die Situation wäre auch nicht anders als in den Flüchtlingslagern rund um Syrien, wo Hunderttausende Menschen auf die Möglichkeit warten, das Land zu verlassen. Otto Schily hält beispielsweise die Lager in der Türkei für eine akzeptable Lösung: »Die Türkei leistet eine Menge auf diesem Gebiet. Und ich glaube, es ist die bessere Region für die Flüchtlinge, von der kulturellen Affinität her. Das hieße aber umgekehrt auch, dass wir der Türkei entsprechende Hilfe angedeihen lassen.«[17]

Judith Sunderland von *Human Rights Watch* kritisiert diese Strategie, die darauf abzielt, das europäische Asylrecht auszuhebeln: »Der Europäischen Union geht es vor allem darum, die Leute draußen zu halten. Natürlich haben die Mitgliedsstaaten und auch die EU selbst das Recht, an ihren Grenzen zu patrouillieren oder Immigration zu überwachen. Aber die internationale Gesetzgebung schreibt auch vor, dass die EU all jenen Zugang gewährt, die Anspruch auf internationalen Schutz haben.«[18]

Abschiebelager in der Wüste wurden in Libyen schon zu Beginn des Jahrtausends gebaut. Ursprünglich wohl für subsaharische Arbeiter, mit denen Gaddafi die Wüste begrünen wollte. Spätestens 2004 wurden sie dann zur Auffangstation für Flüchtlinge umfunktioniert. Schon damals appellierte eine somalische Hilfsorganisation an Gaddafi, Hunderte Somalis freizulassen, die in der Wüste festgehalten würden. Auch aus Italien wurden Somalis nach Libyen abgeschoben und in eben diesen Camps untergebracht.

Libyen war damit also das erste Land, das sich in die Strategie der EU einbinden ließ, Flüchtlinge möglichst gar nicht bis an ihre Außengrenzen gelangen zu lassen. Dafür erwarb der Wüstenstaat von Italien Boote, Jeeps, Radargeräte und Hubschrauber. Weitere Länder der Region, so die Vorstellungen der EU-Justiz- und -Innenminister, sollten folgen. Zur Überwachung ihrer Seegrenzen wurden Tunesien sechs Albatros-Schnellboote aus den Beständen der deutschen Bundesmarine geliefert, Ägypten fünf Schnellboote. Algerien erhielt von der EU Überwachungssysteme im Wert von 10,5 Millionen

Euro, Marokko Militär-Lkws für ca. 4,5 Millionen Euro: die ersten Schritte zu einem den EU-Außengrenzen vorgelagerten Kordon.[19]

Choucha ist inzwischen offiziell geschlossen. 195 Flüchtlinge hat Deutschland im Rahmen des UNHCR-Resettlement-Abkommens inzwischen aufgenommen. Dennoch leben noch mehrere Hundert Menschen dort, die nicht wissen, wohin sie sollen. Das UNHCR möchte, dass sie sich in Tunesien »integrieren«. Dabei haben die Flüchtlinge unter den dortigen prekären sozialen Bedingungen kaum Chancen zu überleben. Flüchtlinge haben in Tunesien praktisch keine Rechte im Unterschied zu anderen Ausländern. Auch dürfen sie keine Familienangehörigen nachholen. Die Flüchtlinge leben hier faktisch in einem Niemandsland – das Lager geschlossen, der rechtliche Status ungeklärt. Die tunesischen Behörden wissen nichts mit den Flüchtlingen anzufangen.[20]

Vor zwei Jahren wollte eine Gruppe aus Choucha in die Hauptstadt Tunis fahren, um auf ihre Situation aufmerksam zu machen. Die Polizei hinderte sie daran und zwang sie, wieder umzukehren. Inzwischen haben es aber einige von ihnen geschafft. Es sind ca. 100 Sudanesen aus der Krisenregion Darfur, die inzwischen seit über einem Jahr vor dem Gebäude des UNHCR in Tunis kampieren.

»In Tunesien sind wir wie in einem Gefängnis unter freiem Himmel«, sagen sie, »das ist kein Leben, sondern langsames Sterben.« Seit zehn Jahren, berichten sie, sind ihre Familien auf der Flucht vor dem Krieg in Darfur. Nirgendwo fanden sie einen sicheren Ort, an dem sie bleiben konnten. Manche aus ihren Familien leben in Flüchtlingslagern im Tschad, manche im Niger. Sie haben es bis nach Libyen geschafft und wurden dann nach Choucha gebracht. Jetzt leben sie auf der Straße. Sie betteln und bekommen sporadisch Unterstützung von einer deutschen NGO. Manchmal schicken auch Freunde, die ebenfalls in Choucha waren, etwas Geld. Zum Waschen gehen sie in die nahe gelegene Moschee, ihre Kinder, sagen sie, haben seit zwei Jahren keine Schule besuchen können: »Sie verlieren ihre Zukunft.«[21]

Die Gruppe ist uneins, wie es weitergehen soll. Sollen sie versuchen, das Risiko einzugehen und mit einem Boot nach Europa zu kommen? Die Älteren sind dagegen. Das ist zu gefährlich, wir werden sterben, sagen sie. Aber die Jüngeren sind ungeduldig, sie halten diese Hängepartie nicht mehr lange aus.

# Routen

2014 hat die europäische Grenzschutzagentur Frontex über 283 000 Menschen registriert, die irregulär nach Europa einreisten.[1] Etwa 60 Prozent der Flüchtlinge nahmen den Weg von den nordafrikanischen Häfen in Richtung Italien und Spanien: Alexandria in Ägypten, Zuwara in Libyen, das tunesische Tunis oder Orte in Algerien wie Oran dienen dafür als Ausgangspunkt.

Istanbul hat sich im östlichen Mittelmeer als Transitstadt etabliert, in der Millionenmetropole können Flüchtlinge leicht untertauchen. Sie kommen aus Afghanistan oder Pakistan, den Flüchtlingslagern an der Grenze zu Syrien oder mit dem Flugzeug aus dem Libanon oder dem subsaharischen Afrika.

Von Istanbul aus bieten sich verschiedene Optionen an: entweder die Flucht über den Grenzfluss Evros nach Griechenland oder über die grüne Grenze nach Bulgarien. Ein Teil der Flüchtlinge versucht, von den türkischen Häfen Izmir oder Bodrum auf die vorgelagerten griechischen Inseln zu gelangen. Von Griechenland und Bulgarien wollen die meisten dann weiter nach Norden.

Für viele Menschen endet ihr Fluchtversuch tödlich. Min-

**Flüchtlingsrouten nach Europa**

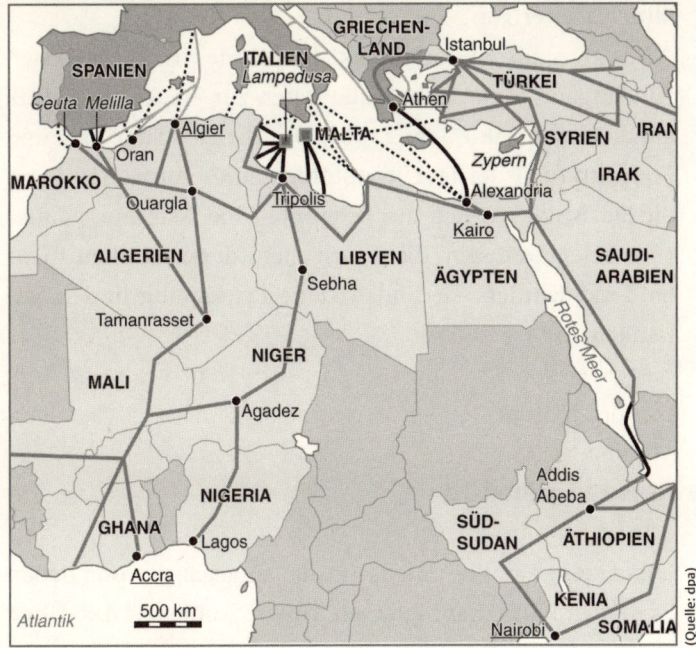

(Quelle: dpa)

Die wichtigsten Fluchtrouten bilden

(1) der Landweg von Istanbul zur griechischen oder bulgarischen Grenze. Über den Grenzfluss Evros, den man im Sommer auch durchwaten kann, gelangt man nach Griechenland. Bulgarien hat eine mehrere Hundert Kilometer lange Landgrenze mit der Türkei.

(2) die kurze Überfahrt von türkischen Häfen wie Izmir oder Bodrum zu den vorgelagerten griechischen Inseln wie z. B. Lesbos

(3) Alexandria in Ägypten mit Ziel Italien

(4) die libyschen Häfen wie Zuwara mit Ziel Lampedusa bzw. Sizilien

(5) algerische oder marokkanische Häfen (z. B. Oran) mit Ziel Spanien

destens 3500 Menschen sind 2014 auf ihrer Flucht über das Mittelmeer ertrunken.[2]

Das Journalisten-Dataprojekt *The Migrants Files*, das es sich zur Aufgabe gemacht hat, alle Daten zur Flüchtlingspolitik auszuwerten, zählt über 23 000 Tote, die zwischen 2000 und Ende 2014 auf der Flucht gestorben sind.[3] Ausweisen kann die Statistik natürlich nur bekannte Fälle. Man muss daher von vielen weiteren Toten ausgehen, deren Leichen nicht entdeckt wurden. Sie finden keine Erwähnung in den Statistiken.


## Reise in den Tod

J. und seine Familie sind das Risiko eingegangen und haben es gewagt, auf einem Boot aus Libyen zu fliehen. Die Überfahrt endete in einer Katastrophe. Die Umstände dieser Katastrophe gehören zu den düstersten Kapiteln europäischer Flüchtlingspolitik.

J. ist heute 43 Jahre alt. Er lebt in der Pfalz, im Südwesten Deutschlands, spricht inzwischen gut Deutsch und arbeitet wieder in seinem Beruf als Arzt in einem städtischen Krankenhaus. Sein Status: Die Bundesregierung hat ihm und seiner Familie ein Aufenthaltsrecht aus dringenden humanitären Gründen gewährt.[4]

Als 2011 der Bürgerkrieg in Syrien ausbricht, leitet J., ein erfahrener Anästhesist, ein Krankenhaus in seiner Heimatstadt Aleppo. Die viele Tausend Jahre alte Stadt im Norden

Syriens, nur etwa 60 Kilometer von der Grenze zur Türkei entfernt, wird zum Schauplatz erbitterter Gefechte zwischen den Truppen Assads und den Rebellen, die schnell von Kämpfern des IS dominiert werden: »Dadurch konnten wir nicht bleiben. Soldaten kamen ins Krankenhaus und verlangten eine Entscheidung, auf welcher Seite ich stehe. Ich konnte aber weder für Assad sein noch für die Islamisten.« J. flieht mit seiner Frau und drei Kindern zunächst in die nahe Türkei. Im Nachbarland kann er jedoch nicht arbeiten, weil seine Papiere nicht anerkannt werden. Nach einigen Wochen erhält er ein Arbeitsangebot aus Libyen. Dort kann er ganz regulär als Arzt tätig sein.

Im Januar 2013 flieht die Familie weiter in die Stadt Misrata. Aber die Lage verschlechtert sich schnell, auch Libyen kommt nach dem Sturz Muammar al-Gaddafis nicht zur Ruhe, der neuen Regierung gelingt es nicht, stabile Verhältnisse herzustellen. Nach wenigen Monaten wird J. und seiner Frau klar, dass die Situation für sie und ihre Kinder zu gefährlich ist. In einem neuerlichen Versuch, seine Familie zu retten, beantragt J. zwei Mal Visa für die Vereinigten Arabischen Emirate, die abgelehnt werden – ohne Arbeitsnachweis erhalten Syrer dort oft kein Visum.[5] Im Oktober wird J. dann von einem befreundeten Arzt angesprochen. Er würde einen Schlepper kennen, der sie nach Europa bringen könnte. Mehrere syrische Ärzte würden sich zusammentun, um das Boot ausschließlich für sich zu chartern. Der Preis: 5000 Euro für die gesamte Familie. J. stimmt zu.

Wenige Tage später ist es so weit. Alle Flüchtlinge, die das Geld bezahlt haben, werden in ein Haus in der Nähe des

Strandes von Zuwara gebracht. An den Türen ziehen bewaffnete Wachen auf. Niemand kommt mehr heraus. Das ist die übliche Praxis bei Schleusern: Wenn ihre Gesichter den Flüchtlingen einmal bekannt sind, gibt es kein Zurück mehr. Am Abend werden diese mit Schlauchbooten zu dem Schiff gebracht. Jetzt ist keine Rede mehr davon, dass nur eine kleine Gruppe syrischer Ärzte auf dem Boot untergebracht wird: Fast 400 Menschen drängen sich auf dem maroden Schiff, 150 von ihnen sind Kinder. Die Flüchtlinge sind betrogen worden.

Gegen zehn Uhr abends wird der Anker gelichtet, und das völlig überfüllte Boot setzt sich in Bewegung. Zwei Stunden später nähert sich ein anderes Schiff in der Dunkelheit. Es ist, wie J. später aussagen wird, ein Boot der libyschen Küstenwache. Dieses folgt dem Flüchtlingsschiff, beginnt, es aus Maschinengewehren zu beschießen und anschließend zu entern. Die Flüchtlinge sind völlig verängstigt, versuchen, ihre Kinder vor den Kugeln zu schützen, und bestürmen die Schlepper, wieder zur Küste Libyens zurückzukehren. Aber die halten weiter Kurs aufs offene Meer, Richtung Italien.

Spätere Recherchen ergeben, dass vermutlich abtrünnige Milizen das Boot der Küstenwache in ihre Gewalt gebracht hatten, denn die Flüchtlinge erkannten die Flagge einer libyschen Miliz. Ob sie die Flüchtlinge unter ihre Kontrolle bringen wollten, um später selbst mit ihnen Geschäfte zu machen? Das lässt sich im Nachhinein nicht mehr herausfinden. Sechs Stunden lang dauert die Situation an, folgen die Männer auf dem Küstenwachboot dem Flüchtlingsschiff, beschießen es bis in den Morgengrauen. Schließlich drehen sie ab.

Zu diesem Zeitpunkt ist das Flüchtlingsschiff bereits stark beschädigt. Zwei Männer sind schwer verwundet, einer von ihnen verliert bei der Schießerei seinen Arm. Das Wasser, das jetzt in das Schiff eindringt, kann nicht mehr von den Pumpen bewältigt werden, das Boot bekommt Schlagseite und droht zu sinken. Schließlich fragt der Kapitän, ob jemand Englisch spricht, er habe ein Satellitentelefon dabei, mit dem man einen Notruf absetzen könne. J. meldet sich. Schon bei seinem ersten Versuch antwortet eine Frauenstimme. J. erklärt ihr die verzweifelte Situation, macht deutlich, dass das Schiff bald sinken wird. Die Frau fragt nach der Position des Bootes. J. vergleicht die GPS-Daten des Kapitäns mit denen seines Handys und dem eines Freundes – sie stimmen alle überein, sodass er sie weitergibt. Die Frau wiederholt die Daten und legt auf.

Drei Mal wird J. in den nächsten 90 Minuten bei der italienischen Küstenwache anrufen, dann, gegen 13 Uhr, wird ihm erklärt, das Gebiet, in dem das Flüchtlingsboot sich befinde, sei nicht unter italienischer Kontrolle, sondern in der Verantwortung der maltesischen Küstenwache – J. solle doch bitte dort anrufen. Der Mann gibt die Nummer durch. Zu diesem Zeitpunkt sind die Flüchtlinge schon 15 Stunden unterwegs.

J. gelingt es wieder, auf Anhieb die Küstenwache zu erreichen, wieder gibt er die Ortungsdaten des Schiffs durch, wieder wiederholt die Küstenwache die Daten. Nach einer Stunde folgt der Rückruf: »Wir können in 50 Minuten bei

Ihnen sein. Bitte ändern Sie nicht Ihre Position.« Es ist etwa 14 Uhr 30. »Zu diesem Zeitpunkt war schon so viel Wasser in das Schiff eingedrungen, dass die Menschen, die im Schiffsinneren saßen, voller Angst nach oben drängten, auf Deck, sodass das Schiff Schlagseite bekam. Wir flehten die Leute an, sich so wenig wie möglich zu bewegen, aber sie hatten einfach Angst.«

Nach den versprochenen 50 Minuten, gegen 15 Uhr 20, ist von einem Rettungsschiff nichts zu sehen. J. holt noch einmal das Satellitentelefon heraus, dessen Batterie sich bedrohlich dem Ende zuneigt: »Über Ihnen kreist jetzt ein Flugzeug, sagte die Küstenwache zu mir, aber wir können erst in über einer Stunde bei Ihnen sein, Sie müssen versuchen, noch eine Stunde auszuhalten. Ich sagte, dann bitten Sie das Flugzeug, uns Rettungswesten oder -ringe oder -inseln für die Kinder runterzuwerfen, wir haben hier nichts und werden untergehen.«

Gegen 17 Uhr sinkt das Schiff. »Praktisch im selben Moment sahen wir das Flugzeug und zwei Hubschrauber, die Rettungswesten und -inseln zu uns hinunterwarfen. Sie haben darauf gewartet, bis das Schiff sinkt, und sind erst dann aktiv geworden«, so die spätere Aussage von J. »Wenn sie zehn Minuten früher mit der Rettungsaktion begonnen hätten, hätten vielleicht 150 Menschen gerettet werden können.«

So sterben an diesem 11. Oktober 2013 etwa 260 Menschen im Mittelmeer, vor den Augen und auf den Radarschirmen der italienischen und maltesischen Küstenwache. Unter ihnen sind auch zwei Söhne von J., der eine sechs Jahre, der andere neun Monate alt: »Ich lebe jetzt hier als syrischer Mann, ohne Pass, ohne Rechte. Aber wenn ich Hilfe finde, werde ich gegen die italienische und die maltesische Küstenwache klagen. Denn sie haben viele syrische Familien auf dem Gewissen. Und meine Söhne.«[6]

## »Left to die«

Die ungeheuerlich klingende Geschichte Js. wird von den Rechercheergebnissen einer kleinen Nichtregierungsorganisation gestützt: *Watch the Med* (Watch the Mediterranean, also »Beobachtet das Mittelmeer«) hat die Bewegungen des Flüchtlingsbootes und aller umliegenden Schiffe an diesem 11. Oktober 2013 minutiös nachgezeichnet. Charles Heller, einer der Gründer der Organisation, erklärt: »Wir haben *Watch the Med* 2011 gegründet, als wir zum ersten Mal auf einen sogenannten ›Left to die‹-Fall stießen. So nennen wir Fälle, in denen Menschen sehenden Auges dem Tod ausgeliefert werden.

Es ging um ein Boot vor der Küste Libyens im Jahr 2011. Der Krieg tobte, das Mittelmeer war schon zu dieser Zeit einer der bestüberwachten Orte auf der Welt. 72 Menschen waren an Bord dieses Schiffes. Sie setzten schon nach weniger als 24 Stunden Notrufe ab, weil ihr Schiff manövrierunfähig war. Die Italiener wussten Bescheid, die Malteser, das NATO-Hauptquartier, NATO-Schiffe lagen vor Ort. 14 Tage driftete das Schiff in diesen Gewässern, und nur neun Menschen überlebten, während alle zuschauten, wie diese Menschen starben.«

Aber die Europäer sind nicht nur untätig, kritisiert Heller. Sie hätten viele Jahre lang Gaddafi bezahlt, um ihn als Vorposten gegen die Flüchtlingsströme aus Westafrika zu benutzen. Auch das Boot der Küstenwache, die das Schiff, auf dem J. unterwegs war, schrottreif geschossen hat, sei vermutlich ein Boot gewesen, das die EU ursprünglich dem Gaddafi-Regime zur Verfügung gestellt hätte.

Die italienische Küstenwache, davon ist Charles Heller überzeugt, wusste genau Bescheid über die Notlage des Schiffes, mit dem J. unterwegs war: »Die italienische Küstenwache hat bestätigt, einen Anruf von dem Flüchtlingsschiff erhalten zu haben. Wir wissen inzwischen sogar, welche Einheit den Anruf entgegengenommen hat. Gegen 13 Uhr hat diese Einheit die maltesische Küstenwache verständigt und eine halbe Stunde später einen Alarmruf an alle Schiffe in der Nähe abgesetzt, mit der Aufforderung, auf ein Flüchtlingsschiff zu achten.«

Auf einer Seekarte hat er alle Schiffe verzeichnet, die in der Nähe des Flüchtlingsschiffes waren: »Hier sieht man mehrere Boote der Küstenwache, die im Hafen von Lampedusa liegen. Dort ist ein Schiff der italienischen Marine, die *IST Libra*, nur 48 Kilometer entfernt. Und mindestens ein Handelsschiff, die *Braunschweig*, war so nahe an dem Flüchtlingsschiff, dass es dieses mit Leichtigkeit hätte erreichen können, bevor es gegen 17 Uhr sank. Die Voraussetzung: Man hätte direkt nach dem Notruf reagieren müssen.« Aber niemand reagierte. Stattdessen wartete man, bis das Schiff

**Todeszone Mittelmeer**

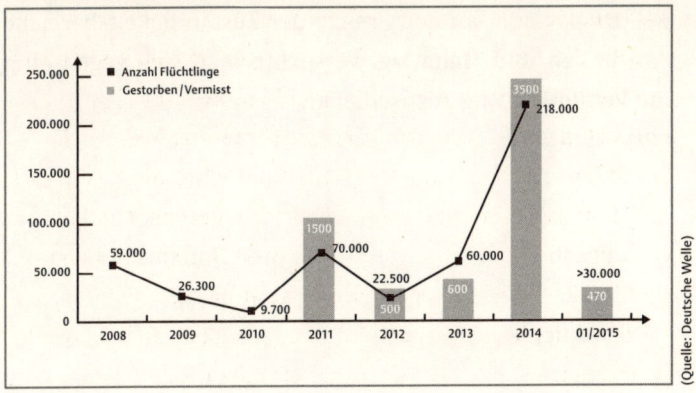

(Quelle: Deutsche Welle)

gesunken war, und machte sich erst dann auf den Weg zur Unglücksstelle.

»Wenn die Küstenwache von Lampedusa nach dem ersten Notruf in Marsch gesetzt worden wäre, wäre sie gegen 15 Uhr bei dem Schiff gewesen und hätte 400 Menschenleben mit Leichtigkeit gerettet. Hätten alle Handelsschiffe, die in der Gegend unterwegs waren, ihren Kurs geändert, hätten sie all diese Menschen retten können. Hätte sich die *IST Libra* in Marsch gesetzt, wäre auch sie rechtzeitig an Ort und Stelle gewesen. So haben wir einen völlig überflüssigen Verlust von über 260 Menschenleben zu beklagen, fast alles Familien mit Kindern. Diese Katastrophe hätte so leicht verhindert werden können.«[7]

Die italienische Küstenwache hat den Ablauf der Ereignisse bestätigt. Nur den Zeitpunkt des ersten Anrufs von J. bestreitet sie. Dieser wäre erst gegen 12 Uhr 30 eingegangen.[8] Aber auch dann wäre genug Zeit geblieben, die Bootsflüchtlinge zu retten. Schuld war vermutlich ein Kompetenzgerangel. Da das Boot an der Grenze der Zuständigkeitsbereiche von Italien und Malta lag, versuchte man sich gegenseitig die Verantwortung zuzuschieben.[9]

# Schmuggler

Ohne Schlepper, Schleuser oder »Menschenschmuggler« würden Hunderttausende Flüchtlinge nicht an ihr Ziel, nach Europa, kommen. Nur Schlepper kennen die Schlupflöcher an den Landesgrenzen zwischen der Türkei und Bulgarien oder Griechenland, zwischen Serbien und Ungarn, der Ukraine und der Slowakei. Nur sie wissen, welche Grenzer man bestechen muss, damit sie wegsehen, wenn eine Familie über die grüne Grenze geht. Und nur sie haben die Boote, mit denen sich Flüchtlinge aufs Mittelmeer hinauswagen.

Um den Strom der irregulären Flüchtlinge zu bekämpfen, setzt die EU daher auch auf die Strafverfolgung der Schleuser. So wurden die Strafen für Schlepperei in den vergangenen Jahren empfindlich erhöht. In Griechenland etwa müssen Fluchthelfer mit langen Gefängnisstrafen rechnen: 15 Jahre für die erste Person, die sie versuchen, nach Griechenland zu bringen, zwei weitere Jahre für jede weitere Person. Höchststrafe: 25 Jahre. Von je zehn Jahren Haft müssen in der Regel vier abgesessen werden. Minderjährige werden etwas milder bestraft.[1]

Dabei sind es oft gar nicht die Schleuser, die am Steuer der Boote sitzen, mit denen die Flüchtlinge von der türkischen

Küste aus in See stechen. Oft genug wird einer der Flüchtlinge, der dafür einen Preisnachlass bekommt, kurz eingewiesen, dann steuert er das Boot hinaus in die Ägäis. Wenn ihn die griechischen Grenzer am Steuer schnappen, wird er strafrechtlich trotzdem als professioneller Schlepper behandelt.

In Italien gilt seit 2002 das Bossi-Fini-Gesetz, das Flüchtlinge mit Bußgeldern von bis zu 5000 Euro für die irreguläre Einreise bedroht. Außerdem werden Menschen, die andere aus Lebensgefahr gerettet haben, kriminalisiert – sie können als Schlepper zu hohen Strafen verurteilt werden.[2]

So erging es 2004 Elias Bierdel und Stefan Schmidt, zwei Mitarbeitern der deutschen humanitären Organisation *Cap Anamur*. Sie hatten 37 Bootsflüchtlinge aus dem Mittelmeer gerettet und wollten sie in den nächsten Hafen in Italien bringen. Vor der italienischen Küste wurde das Schiff jedoch wochenlang festgehalten und den Passagieren die Einreise verwehrt. Erst im Jahr 2009 wurden Bierdel und Schmidt von den Vorwürfen der Beihilfe zur illegalen Einwanderung freigesprochen.[3]

Im September 2007 wurden sieben tunesische Fischer »wegen Verdachts auf Förderung der illegalen Zuwanderung« in Italien festgenommen. Sie hatten 44 Menschen an Land gebracht, die sie nach eigenen Angaben aus einem kleinen Boot 30 Seemeilen vor der italienischen Insel Lampedusa aus aufgewühlter See gerettet hatten. Zumindest Abdelassit Zenzeri, einer der beiden Kapitäne, verlor daraufhin seine Lizenz als Fischer und damit Beruf und Lebensgrundlage. Die Schiffe wurden konfisziert. Erst vier Jahre nach dem Vorfall wurden er und sein Kollege freigesprochen. Solche

Verfahren haben genau die abschreckende Wirkung, die sie erzielen sollen: Sie halten davon ab, Menschen in Seenot zu helfen, um nicht selbst kriminalisiert zu werden.[4]

In Deutschland verurteilte eine Kammer 2014 am Landgericht Essen den 58 Jahre alten Ingenieur Hanna L. zu zwei Jahren Haft auf Bewährung und 110000 Euro Geldstrafe. Hanna L. ist Syrer und lebt seit Jahrzehnten in Deutschland, er verlor nach dieser Verurteilung seine Arbeit. Sein Vergehen: Er hatte syrischen Flüchtlingen dabei geholfen, ohne Papiere nach Deutschland zu kommen. Dafür wurden Pässe gefälscht, Grenzbeamte bestochen, Schwarzgeld verschoben und Flüchtlinge in Taxen über Grenzen gefahren. Das alles ist nach deutschem Recht strafbar. Aber 270 Männer, Frauen und Kinder kamen so nach Deutschland, ihre Leben wurden gerettet.[5]

Wie hätten diese Menschen, die an Leib und Leben gefährdet waren, denn ohne das Brechen von Gesetzen nach Deutschland gelangen können? Gilt hier nicht das Prinzip des rechtfertigenden Notstands nach § 34 Strafgesetzbuch? Dieser lautet: »Wer in einer gegenwärtigen, nicht anders abwendbaren Gefahr für Leben, Leib, Freiheit, Ehre, Eigentum oder ein anderes Rechtsgut eine Tat begeht, um die Gefahr von sich oder einem anderen abzuwenden, handelt nicht rechtswidrig, wenn bei Abwägung der widerstreitenden Interessen, namentlich der betroffenen Rechtsgüter und des Grades der ihnen drohenden Gefahren, das geschützte Interesse das beeinträchtigte wesentlich überwiegt. Dies gilt jedoch nur, soweit die Tat ein angemessenes Mittel ist, die Gefahr abzuwenden.«[6]

Syrische Flüchtlinge befinden sich sicherlich in einer gegenwärtigen Gefahr für Leib und Leben. Die vorgeworfenen Taten sind geeignet und erforderlich, um die Gefahr abzuwenden, denn das entscheidende Problem für syrische Flüchtlinge ist der fehlende legale Weg, um in der EU oder eben Deutschland Asyl zu beantragen. Sind sie erst einmal hier angelangt, ist die Wahrscheinlichkeit sehr hoch, dass sie Asyl erhalten: »Die einzige Möglichkeit, die ihnen bleibt, ist der lebensgefährliche Weg über das Mittelmeer, das inzwischen zum Massengrab für Flüchtlinge geworden ist. Das Fälschen von Ausweisen ist somit geeignet und erforderlich, um die Flüchtlinge in Sicherheit zu bringen.«[7]

Konservative Politiker in Deutschland beeindruckt eine solche Argumentation nicht. Im Gegenteil, sie fordern immer wieder, härter gegen Schleuser vorzugehen. So der frühere Bundesinnenminister Hans-Peter Friedrich (CSU), der vorschlug, entschlossener gegen »skrupellose Schleuserbanden« vorzugehen. Die Argumentation: Ohne Schleuser, die die Flüchtlinge dazu brächten, die lebensgefährliche Überfahrt zu riskieren, würden Flüchtlinge nicht so handeln.[8]

Dem widerspricht eine Studie des Europäischen Forums für Migrationsstudien der Universität Bamberg mit dem Titel »Menschenschmuggel«. Für die Studie wurden unter anderem Interviews mit 19 Expertinnen, hauptsächlich Mitarbeiter der Bundespolizei und der Landespolizeien, durchgeführt. Nach ihren Erkenntnissen gebe es in der Regel nicht die eine große mafiös strukturierte Organisation, die vom Menschenschmuggel über Drogenhandel bis zur Prostitution alles unter Kontrolle habe. Vielmehr handele es sich meist um lose Netzwerke, die von Flüchtlingen bei Bedarf in Anspruch genommen würden. Die Flüchtlinge müssten nicht von Schleusern animiert werden, sondern stünden unter so großem Handlungsdruck, dass sie die Schleuser aktiv kontaktierten.[9]

Dennoch ist es unbestreitbar, dass die Bereitschaft Hunderttausender Menschen, ihr gesamtes Vermögen einzusetzen, um nach Europa zu kommen, einen milliardenschweren, lukrativen Markt generiert. Dieser Markt zieht nicht nur Menschen an, die kurzfristig auf Geld angewiesen sind, sondern auch erfahrene Kriminelle, die im Menschenschmuggel ein langfristiges Business sehen. Unter ihnen sind skrupellose Verbrecher, die Menschen kaltblütig auf seeuntüchtigen Booten aufs Meer schicken und ihren Tod in Kauf nehmen. Es gibt auch genügend Fälle von Flüchtlingen, die in einem Container oder einem Lkw ersticken. Oder Schleuser, die das Geld kassieren und Flüchtlinge sitzen lassen. *The Migrants Files* schätzt im Übrigen, dass Flüchtlinge etwa eine Milliarde Euro jährlich an Schleuser zahlen, während die EU im gleichen Zeitraum ebenfalls eine Milliarde Euro zur Abwehr der Flüchtlinge ausgibt.[10]

Entscheidend ist, dass es diesen Markt nur gibt, weil die EU alles tut, um sich abzuschotten. Ihre Visabestimmungen, ihre Grenzkontrollen und -befestigungen erfordern von einem Flüchtling so viel Know-how, dass er auf einen Schlepper angewiesen ist. Aus welchen Motiven ein Schlepper handelt, kann dem Flüchtling egal sein – er muss nur gut, sprich, erfolgreich sein.[11]

Und übrigens: Als die Mauer noch stand, waren es keine

»Schleuser«, die die Menschen aus der DDR in den Westen brachten, sondern »Fluchthelfer«, die es dem Flüchtling ermöglichten, ein Leben in Freiheit und Sicherheit zu führen. Auch wenn der Schleuser für seine Dienstleistung Zehntausende D-Mark kassierte – die Anerkennung der alten Bundesrepublik war ihm gewiss, hatte er doch ein Schlupfloch durch die Selbstschussanlagen und rigiden Kontrollen des DDR-Grenzregimes gefunden. So urteilte der Bundesgerichtshof 1977, dass eine Bezahlung des »Fluchthelfers« durchaus gesetzeskonform sei: »Ein Vertrag, durch den sich jemand verpflichtet, dem anderen Vertragsteil für die sog. Ausschleusung eines Einwohners der Deutschen Demokratischen Republik ein Entgelt zu zahlen (Fluchthelfervertrag), verstößt weder gegen ein gesetzliches Verbot (BGB § 134) noch ohne weiteres gegen die guten Sitten (BGB § 138 Abs. 1) (BGHZ 69, 295).«[12]

## »Der Joker«

Von der Südküste Tunesiens gehen immer wieder zahlreiche Boote in Richtung Italien ab. Hier im Süden fühlt man sich abgehängt von den Entwicklungen in der Hauptstadt im Norden. Die Menschen sind oft religiöser, konservativer. Der Tourismus ist eine wichtige Einnahmequelle, es gibt nur wenige andere Verdienstmöglichkeiten, die Arbeitslosigkeit besonders unter jungen Leuten ist hoch. Als 2010 der Arabische Frühling ausbrach, wollten viele weg, vor allem Jugendliche waren kaum noch im Land zu halten. An ein Visum für einen europäischen Staat war angesichts der hohen Anforderungen, wie etwa eine stabile finanzielle Situation, für die meisten jedoch nicht zu denken.[13]

Die Implosion staatlicher Autorität verstanden gerade die abenteuerlustigen Jugendlichen als ihre große Chance. Wie der 18-jährige Mohamed Zaier und sein 16 Jahre alter Cousin Abdallah aus dem Küstenort Zarzis an der Südspitze der Touristenhalbinsel Djerba. In Zarzis säumen Dutzende Hotels die Straßen, die meisten von ihnen sind nur mäßig belegt. Die Flüchtlinge, die Unruhen, die Attentate – das ist nicht gut fürs Tourismusgeschäft.

Mohameds Familie lebt mit der Großmutter zusammen in einem typischen weiß gekalkten, zweistöckigen Gebäude. Mohameds Zimmer ist unverändert. Auf dem Bett liegen alle Fotos und Briefe, die an Mohamed erinnern. Seine Schwester Hana liest aus einem Brief vor, den eine deutsche Touristin ihrem Bruder geschrieben hat. Die beiden haben sich wohl verliebt, als Mohamed in einem der Hotels als Kellner arbeitete: »Aber das war ihm zu wenig, er träumte von einem Leben in Europa, wie er es aus dem Fernsehen kannte.« Sein Cousin Abdallah, gerade mal 16 Jahre alt, wollte unbedingt mit. Seine Mutter weint: »Ich habe Abdallah gesagt, dass er sehr jung ist, aber schließlich hat er mich überredet.«[14]

Die beiden Cousins kletterten wie Tausende andere auf ein Boot – und kamen nie in Italien an. Ihre Leichen sind wohl verschollen. Bis heute hat die Familie kein Lebenszeichen von den beiden Jugendlichen. Auch hier – ähnlich wie im Fall J. – gibt es Hinweise darauf, dass die tunesische Küstenwache das Schiff, auf dem die beiden Jugendlichen saßen, beschossen hat, um es am Auslaufen zu hindern. Aber die Regierung bestreitet bis heute, etwas mit den Ereignissen zu tun zu haben.

Lieber demonstriert sie Entschlossenheit. Houmadi Mayra, der Gouverneur der Provinz Medenine, zu der auch die Halbinsel Djerba gehört, von der viele Boote Richtung Lampedusa abgegangen sind, gibt sich unnachgiebig: »Wir sind sehr streng, was die Seegrenze angeht. Unsere Regierung erlaubt keine illegale Auswanderung. Jeder Versuch wird von uns verhindert. Zum Beispiel bei dem Schiff aus Ägypten, das wir vor Kurzem mit 52 Afrikanern an Bord aufgebracht haben – wir haben sie alle festgenommen und vor Gericht gestellt. Sie sind immer noch in Untersuchungshaft, da gibt es gar keine Diskussionen.«[15]

Aber der Gouverneur weiß auch um die tieferen Ursachen der Flucht: »Um die illegale Auswanderung zu reduzieren, müssen die Ursachen an der Wurzel gepackt werden. Das alles hat doch sehr stark mit fehlender Arbeit zu tun, mit der Arbeitslosigkeit unter den jungen Leuten. Wir hier im Süden sind vernachlässigt worden, jetzt, nach der Revolution, hoffen wir, dass es besser wird.«[16]

Zumindest beim Kampf gegen die Flüchtlinge werden die Tunesier für ihre Kooperation mit den Europäern mit Wirtschaftsabkommen und Finanzhilfen belohnt. Zu den Wohltaten der EU gehört auch die Finanzierung mehrerer tunesischer Küstenwachboote. Auch an den Stränden Tunesiens ist die kasernierte Polizei präsent. Regelmäßig fahren sie nachts Streife und überprüfen verdächtige Häuser im Hinterland. Sie wissen, dass die Schleuser hier die Flüchtlinge sammeln, bevor sie sie auf die Boote schicken. In der Garage der Polizeistation steht ein Quadbike, mit dem man auf Sand die Verfolgung aufnehmen könnte – aber es ist defekt. Den Polizeibeamten ist es sichtlich unangenehm, als sie schließlich zugeben müssen, dass ihnen schlicht Ersatzteile fehlen. Auch dieses Gefährt haben die Europäer finanziert.

Obwohl die tunesischen Grenzschützer alles andere als perfekt sind, der Verfolgungsdruck auf Schleuser und Flüchtlinge ist gestiegen. Karl Kopp von *Pro Asyl* beobachtet die Strategie der EU seit Jahren: »Die EU versucht sozusagen, den Grenzschutz in Drittstaaten auszulagern. Also eine neue Wallanlage zu bauen, sodass man die Leute gar nicht mehr bis vor die Tore Europas kommen lässt, sondern sie schon in Drittstaaten abfängt. Und die Gefahr ist groß, dass nicht die Menschenrechtsverletzungen und das tausendfache Sterben an den europäischen Außengrenzen beendet werden, sondern sich nur die Orte der Menschenrechtsverletzung und des Sterbens ändern.«[17]

So dreht sich die Spirale immer weiter. Im Arabischen Frühling waren es zunächst Fischer, die die Flüchtlinge gegen kleines Geld nach Lampedusa übersetzten, dann folgten die ersten Schleuser, die mit kleinen Crews auf eigene Rechnung arbeiteten. Manche haben sich bis heute gehalten. Einer von ihnen hat hier, an der südtunesischen Küste, den Spitznamen »Der Joker«. Ein etwa 25 Jahre alter Mann, der von sich behauptet, vier Boote mit Hunderten von Flüchtlingen nach Italien gebracht zu haben. Er besteht darauf, sich nachts am Hafen von Zarzis zu treffen, der nur von wenigen trüben Lampen beleuchtet wird. Nur dort fühlt er sich sicher genug, um über sein Netzwerk zu sprechen.

»Der Joker« hat ein Haus ein paar Kilometer von der Küste entfernt gemietet. Dort bringt er die Flüchtlinge unter, bis sein Schiff fertig für die Überfahrt ist. Etwa 20 Tage dauert es in der Regel, bis er ein Schiff voller Flüchtlinge losschicken könne. Er würde weniger als die anderen verlangen, weil er nicht so viele Leute bezahlen müsste. Außerdem hätte er gute Beziehungen zur hiesigen Polizei und zur Küstenwache; so wüsste er immer, wann Patrouillen stattfänden, erzählt er. Für 50 oder 100 Euro gäben ihm einzelne Polizisten wertvolle Tipps.

»Meine Wachleute bringen dann die Flüchtlinge in kleinen Booten zu dem eigentlichen Schiff, das draußen vor der Brandung wartet. Der Kapitän steuert das Schiff nach Italien und gibt sich selbst als Flüchtling aus. Aber er bleibt nicht in Italien, sondern kehrt über den Flughafen in Karthago wieder hierher nach Hause zurück.«[18] Nach eigener Aussage bleibt dem »Joker« nach Abzug aller Kosten ein Reingewinn von umgerechnet 40 000 Euro pro Schiff – ein äußerst lukratives Geschäft.

## »Glauco«

»Der Joker« ist einer der kleinen Fische. Flucht ist ein boomender Markt, der die organisierte Kriminalität magisch anzieht. Im ersten Halbjahr 2015 warteten – so die Schätzungen – vermutlich eine Million Menschen in Libyen darauf, mit einem Boot die lebensgefährliche Überfahrt übers Mittelmeer zu riskieren. Libyen, ein *failed state*, in dem es keine Zentralgewalt mehr gibt, ist für die Aktivitäten der Schlepper und die Bedürfnisse der Flüchtlinge der ideale Ort. Die von den westlichen Staaten anerkannte Regierung kontrolliert lediglich den Osten des Landes, die Rebellen der Amazigh-Berber beherrschen den Westen, darunter auch den Hafen Zuwara, von dem die meisten Boote Richtung Lampedusa und Sizilien starten. Trotzdem boten EU-Vertreter libyschen Behörden 30 Millionen Euro für die Verstärkung der Küstenkontrollen an. Ein Vorhaben, das angesichts der verworrenen Machtverhältnisse in Libyen zum Scheitern verurteilt ist.[19]

Inzwischen ist mehr über die Preise bekannt, die Schleuser von den Flüchtlingen für eine Überfahrt übers Mittelmeer verlangen. Nach der Katastrophe vom 3. Oktober 2013, bei der nur wenige Hundert Meter vor der Küste von Lampedusa 366 Menschen starben, verfolgten italienische Staatsanwälte monatelang das Netzwerk einer großen Schleuserbande. Im Rahmen der Operation »Glauco« gelang es ihnen nicht nur, auf einen Schlag 15 Mitglieder der Bande festzunehmen – sie stammten aus Eritrea, Äthiopien, Ghana und von der Elfenbeinküste –, sondern auch, die Strukturen des aufgedeckten Netzwerks zu enthüllen. Für den leitenden Staatsanwalt Francesco Lo Voi agieren die Menschenhändler wie eine Art Reiseveranstalter: »Sie organisieren ein ganzes Paket, das man je nach Abschnitt bezahlt. Dank ihrer Kontakte sind sie in der Lage, die gesamte Reise vom Herkunftsland bis zum

Zielland anzubieten.« Wie ein Flüchtling nach Europa geschleust werde, hänge einzig vom Geldbetrag ab, den er zu zahlen bereit sei: »Wenn jemand z. B. mit einem Auto nach England gebracht werden möchte, muss er mehr bezahlen, als wenn er einen Bus nimmt. Die gesamte Reise kostet zwischen 4000 und 6000 Euro.«[20]

Dabei lassen sich folgende Abschnitte unterteilen: Die Reise von Somalia oder Eritrea oder von Nigeria durch die Sahara nach Libyen kostet etwa 3500 Euro pro Person, die Überfahrt von Libyen nach Sizilien 1000 bis 1200 Euro. Wer nach Deutschland will, muss noch einmal 500 Euro bezahlen, England, Holland oder Schweden kosten 1100 Euro zusätzlich.[21]

Es gibt auch Rabatt: So bieten Schlepper eine Überfahrt in der Meerenge von Gibraltar in einem Paket für 1200 Euro an: Bis zu drei Versuche hat der Flüchtling, um mit dem Boot nach Spanien gebracht zu werden. Zweimal – so die Rechnung der Schlepper – kann der Flüchtling also von der spanischen Küstenwache wieder nach Marokko zurückgeschickt werden, und es rechnet sich immer noch für ihn.[22]

Teurer sind individuelle Optionen: Wer versteckt im Lkw von der Türkei direkt nach Deutschland kommen möchte, muss bis zu 10 000 Euro bezahlen. Ein gefälschter Pass mit einem Flugticket in die EU bewegt sich ebenfalls in einer Größenordnung von ca. 10 000 Euro.[23]

Nach den Recherchen der italienischen Justiz machte das Netzwerk, das sie im Rahmen der Operation »Glauco« auffliegen ließen, in den letzten zwei Jahren 100 Millionen Euro Umsatz. Allein in den ersten drei Monaten des Jahres 2015, behauptete einer der Schleuser in den abgehörten Telefonaten, habe er schon 8000 Flüchtlinge übers Mittelmeer geschickt. Sein Geld, verriet er seinem Gesprächspartner, deponiere er lieber auf Konten von US-amerikanischen oder kanadischen Banken, weil diese keine Fragen stellten – im Gegensatz zu arabischen.

Der Zynismus der Schmuggler wird in einem weiteren abgehörten Telefonat deutlich: »Was ist mit deinen Leuten passiert?« – »Ich habe keine Ahnung. Wahrscheinlich sind sie tot.«[24] Die Flüchtlinge sind den Schleusern auf der Flucht vollkommen ausgeliefert – auch das wird in den Ermittlungen im Rahmen der Operation »Glauco« deutlich. Eine Überlebende der Katastrophe vom 3. Oktober, ein 17-jähriges Mädchen, erkannte in dem Lager auf Lampedusa einen der Schlepper wieder, die das Unglücksboot bis vor die Küste gesteuert hatten. In einer Vernehmung der italienischen Polizei schilderte sie, dass dieser Mann sie gemeinsam mit zwei weiteren in einem Camp in der libyschen Wüste immer wieder vergewaltigt habe. 130 Flüchtlinge aus Eritrea wurden dort von diesem Mann und seinen Kumpanen wochenlang festgehalten. Alle Frauen in diesem Lager erlitten das gleiche Schicksal wie das Mädchen. »Es war wie in einem Konzentrationslager«, formuliert einer der Ermittler. Das Mädchen berichtet weiter: »Sie zwangen uns zuzusehen, wie unsere Männer gefoltert wurden, mit Elektroschocks an den Füßen und mit Stöcken.« Erst als die Familien der Gefolterten 3500 US-Dollar zahlten, wurden die Flüchtlinge zum Schiff gebracht, auf dem die meisten den Tod fanden. Die Frauen, die nicht zahlen konnten, seien immer wieder vergewaltigt worden, so die 17-jährige Überlebende.[25]

## »Der Fuchs«

Klar ist: Das Netzwerk, das italienische Staatsanwälte ent-
tarnten, ist nur eines von vielen. Die Beziehungen der
Schleuserbanden reichen von Eritrea, Nigeria oder Mauretanien über Libyen und Marokko bis nach Holland und
Schweden, von Pakistan und Afghanistan über die Türkei
und Serbien bis in die Schweiz oder Deutschland. Nicht selten waren die Schleuser selbst Flüchtlinge, die es bis nach
Europa geschafft haben und das Schleusen ihrer Landsleute
als lukratives Geschäftsmodell nutzen. Der Markt ist lokal
geprägt: In Libyen kontrollieren Libyer das Geschäft, unterstützt von Eritreern und Äthiopiern, in Istanbul haben Türken und Pakistani das Sagen.

Istanbul ist einer der Orte, der sich zur Drehscheibe für
Flüchtlinge entwickelt hat. Hilfsorganisationen vermuten,
dass über 300 000 Menschen in der Millionenmetropole am
Bosporus untergetaucht sind.[26] Die meisten von ihnen sind
Syrer, die Grenze ist nur eine Tagesreise entfernt. Aber auch
Pakistani, Afghanen und Bangladeschi suchen den Weg in
die EU. Viele von ihnen sind mit einer Schlepperorganisa-
tion bis hierher gekommen. Einige haben sich auf eigene
Faust in die Metropole durchgeschlagen und verbringen ihre
Tage damit, in Cafés zu sitzen oder die Straßen im Einwan-
dererviertel Aksaray auf der Suche nach einem Schleuser zu
durchstreifen.

Einer dieser Schlepper ist ein Mann, der sich von Fremden
»Der Fuchs« nennen lässt. Bei einem ersten Treffen in einem
Café in Aksaray stimmt er zu, sich einige Tage begleiten zu

lassen. Er behauptet, seit zehn Jahren im Schleusergeschäft tätig zu sein und schon Tausende Flüchtlinge in die EU gebracht zu haben: »Einige Monate habe ich auch schon im Gefängnis deswegen gesessen, aber das gehört dazu, wenn man in so einem Business arbeitet«, meint er. Der Mann ist Türke, etwa 40 Jahre alt und in Istanbul aufgewachsen.[27]

Der »Fuchs« behauptet, vor allem aus humanitären Motiven zu handeln: »Aus meiner Sicht ist das eine humanitäre Hilfe, und die kostet natürlich auch etwas. Warum? Weil sie eben nicht legal ist, gibt es dafür Strafen. Ich nehme dieses Risiko auf mich und mache diese Art der Arbeit. Wenn etwas schiefläuft, gehe ich ins Gefängnis. Was passiert den Flüchtlingen? Nichts, sie werden freigelassen.«

Der »Fuchs« kann eine Reise auf dem Landweg organisieren, entweder über Athen und dann weiter mit Kleinbussen Richtung Deutschland. Oder er bringt die Flüchtlinge über die grüne Grenze nach Bulgarien. Der Preis ist etwas höher als für eine Überfahrt übers Mittelmeer: »Von der Türkei nach Athen kostet es zwischen 2500 und 3000 Dollar, das kommt auf die Verhandlung mit dem Fahrgast an.« Fahrgäste, das sind für ihn die Flüchtlinge. Er versteht sich offensichtlich als Dienstleister, nur eben in einem besonders riskanten Geschäft. Schließlich gibt es noch die Luxusvariante mit dem Flugzeug: »Die hat natürlich ihren Preis, denn dazu ist es nötig, wirklich gute Pässe herzustellen.« Der Schlepper spricht hier von Größenordnungen von 10 000 US-Dollar.

Mit Booten würde er nie operieren: »Übers Meer, das ist zu gefährlich. Ich bringe keine Menschenleben in Gefahr.« – Diese Option bieten andere, Schlepper in Izmir oder Bodrum.

Der »Fuchs« ist mit einem seiner Mittelsmänner in einem belebten Café verabredet. Während die beiden scheinbar belanglos miteinander plaudern, wechselt Geld unter dem Tisch seinen Besitzer. Mit geübten Griffen zählt der Fuchs die Dollarscheine, dann verabschiedet er sich. Auf der Straße erklärt er das Geschäft: »Das läuft so: Der Reisende zahlt auf einer Art Treuhandkonto den Betrag für die Reise ein. Wenn er an seiner nächsten Station angekommen ist, ruft er den Treuhänder an und gibt den Betrag frei.« – »Dann ist das Geld, das Sie gerade bekommen haben, dafür, dass ein Flüchtling mit Ihnen die nächste Etappe erfolgreich geschafft hat?« – »Exakt. Erst, wenn ich meine Arbeit gemacht habe, bekomme ich mein Geld.« So hat der Flüchtling die Garantie, dass er tatsächlich eine Gegenleistung für sein Geld bekommt. Und der Schlepper einen Anreiz, den Reisenden sicher an seinen Bestimmungsort zu bringen. Das ist anders als bei den Bootsflüchtlingen im Mittelmeer.[28]

Das »heiße« Geld will der »Fuchs« so schnell wie möglich wieder loswerden. Er geht zu einem Geschäft im Basar in der Altstadt, das Bootszubehör führt. Hier sucht er zwei kleine Schlauchboote für die Überfahrt in der nächsten Nacht aus. Zu dieser Jahreszeit führt der Grenzfluss Evros noch zu viel Wasser, man müsste schwimmen können. Zudem ist es auch viel zu kalt. Viele riskierten hier bereits ihr Leben. Auf der griechischen Seite gibt es in einer kleinen muslimischen Gemeinde einen Friedhof für all die Toten, die im Fluss gefunden werden. Der Imam der Gemeinde ist es seit Jahren gewohnt, Tote anonym zu bestatten.

Am nächsten Morgen stellt einer der Fahrer des »Fuchses«

einen Transporter direkt vor die Tür der illegalen Wohnung. Heute Abend soll es losgehen. Der »Fuchs« dirigiert nur eine relativ kleine Gruppe von Schleppern. Da sind die Wachen in der illegalen Wohnung, die Fahrer, die den Konvoi an die Grenze bringen werden, und die »Reiseleiter«, wie sie genannt werden, die mit den Flüchtlingen über den Fluss fahren und sie bis zum vereinbarten Treffpunkt auf der bulgarischen oder griechischen Seite bringen. Dort übernimmt dann die nächste Crew die Aufgabe, die Flüchtlinge weiter bis an ihren Bestimmungsort zu bringen. Der »Fuchs« hat selbst vor zehn, zwölf Jahren als Fahrer begonnen, bevor er anfing, auf eigene Rechnung zu arbeiten: »Hier in dieser Stadt ist das nichts Besonderes. Es gibt Hunderte, die das Gleiche machen wie ich.«[29]

Schließlich kauft er noch einige Handys. Er und seine Männer werden die Telefone nur in dieser Nacht benutzen, sonst wären sie für die Polizei zu leicht zu orten. Er selbst benutzt permanent mehrere Mobiltelefone. Während einer Schleusung nutzt er je eins nur für die Fahrer und den Bootsführer. Die Kommunikation läuft über Codewörter.

Es ist 22 Uhr. Der »Fuchs« wartet in seinem Auto vor der illegalen Wohnung, bis es in der Straße ruhig geworden ist. Dann gibt er seinen Leuten in der Wohnung ein Zeichen. Es kann losgehen. Blitzschnell huschen die Flüchtlinge in den Transporter, der vor der Tür wartet. Der Motor startet, die Kolonne setzt sich in Bewegung. Auf der Schnellstraße halten die Autos, die einen Konvoi bilden, einen Abstand von zehn Minuten ein. Vorne fährt der »Fuchs«, er hält nach Polizeikontrollen Ausschau. Dann folgt der Transporter mit den zwölf Flüchtlingen. Ein Auto am Schluss, wieder in zehn Minuten Abstand, sichert ab. So fährt die Kolonne in Richtung der Grenzstadt Edirne. Nach knapp zwei Stunden passiert der Flüchtlingskonvoi die Stadtgrenze und fährt zum Evros. Hier, im Dreieck zwischen der Türkei, Griechenland und Bulgarien, sollen die Flüchtlinge über die Grenze gehen.

Inzwischen hat der »Fuchs« zwei weitere Helfer kontaktiert. Sie melden, dass die Straßen am Fluss sicher sind. Als der Schlepper die vereinbarte Stelle erreicht, macht er die Lichter seines Wagens aus. Erst als alles ruhig bleibt, gibt er den Weg für den Transporter frei. Jetzt schaltet auch der »Fuchs« wieder seine Scheinwerfer ein, damit die Flüchtlinge sich orientieren können. Sie schnappen sich ihre Taschen, der »Reiseleiter« trägt die beiden Schlauchboote zum Fluss, und die Gruppe verschwindet hinter der Böschung. Die drei Autos wenden auf dem Feldweg. Langsam suchen sie sich den Weg zurück. Unbehelligt von der Polizei, fahren sie zurück nach Istanbul. Am nächsten Morgen bekommt der »Fuchs« die Nachricht, dass die Flüchtlinge wohlbehalten auf der anderen Seite angekommen sind. Erstaunlich: Selbst an dieser so scharf bewachten Grenze werden »seine« Flüchtlinge nur selten entdeckt. Der »Fuchs« muss exzellente Kontakte zur Polizei auf beiden Seiten haben. Aber dazu will er nichts sagen.

# Push-Back

Die Flüchtlinge, die mit Hilfe von Schleppern bis an die Grenze gebracht werden, können allerdings nicht davon ausgehen, problemlos auf EU-Territorium zu gelangen. Die nationalen Grenzschutzbehörden gehen oft genug mit großer Brutalität vor, um die Flüchtlinge am Betreten ihres Landes zu hindern oder sie sogar wieder über die Grenze zurückzubefördern. Oft genug handelt es sich in solchen Fällen um ein sogenanntes Push-Back.

Als Push-Back wird das ungesetzliche Zurückdrängen von Einwanderern in Grenznähe bezeichnet – und es stellt damit eine Verletzung des Grundsatzes der Nichtzurückweisung dar, der die Rückführung von Personen in Staaten untersagt, in denen ihnen Folter oder andere schwere Menschenrechtsverletzungen drohen. Dieser völkerrechtliche Grundsatz ist die Grundlage des humanitären Umgangs mit Flüchtlingen. Denn Push-Back-Aktionen sind gleichbedeutend mit einer Verletzung der Genfer Flüchtlingskonvention, in deren Artikel 33 ein Verbot der Ausweisung und Zurückweisung festgeschrieben ist. Keiner der Staaten, die diese Konvention unterschrieben haben, darf »einen Flüchtling auf irgendeine Weise über die Grenzen von Gebieten ausweisen oder zurückweisen, in denen sein Leben oder seine Freiheit wegen seiner Rasse, Religion, Staatsangehörigkeit, seiner Zugehörigkeit zu einer bestimmten sozialen Gruppe oder wegen seiner politischen Überzeugung bedroht sein würde«.[1]

Dieses Prinzip des Push-Back oder »non refoulement« leitet sich auch aus der Europäischen Menschenrechtskonvention[2] ab – dem Recht auf Leben (Art. 2) und Verbot der Folter, unmenschlicher oder erniedrigender Strafe oder Behandlung (Art. 3) sowie der Abschaffung der Todesstrafe nach § 6 und § 13 des Zusatzprotokolls vom 3. Mai 2002 – sowie aus den in dem Internationalen Pakt über bürgerliche und politische Rechte (UN-Zivilpakt) festgelegten Grundsätzen.

Die EU verpflichtet auch ihre Grenzschützer zur strikten Einhaltung dieser Richtlinien im täglichen operativen Geschäft – zumindest theoretisch: »Jeder einzelne Grenzschützer, der innerhalb einer Operation tätig ist, ist an ganz klare Regeln gebunden in Bezug auf Grund- und Menschenrechte oder auch das Prinzip des ›Push-Back‹: Niemand darf einfach so zurückgeschoben werden«, so Michele Cercone, bis Oktober 2014 Sprecher der EU-Kommissarin für Flüchtlingsbelange Cecilia Malmström.[3] Die Realität an Europas Grenzen sieht jedoch ganz anders aus. Sei es Italien, Griechenland, Bulgarien oder Spanien – in allen Ländern sind Fälle von Push-Back dokumentiert, die immer wieder für Flüchtlinge auch tödlich enden.

## Der Fall Hirsi

Einer der ersten bekannt gewordenen Fälle, an denen sich die Kritik an der Praxis der Push-Back-Operationen entzündete, ereignete sich am 6. Mai 2009 im Mittelmeer. Die italienische Küstenwache stoppte drei Boote mit etwa 200 Flüchtlingen vor allem aus Somalia und Eritrea, brachte die Schiffe jedoch nicht – wie es ihre Aufgabe gewesen wäre – sicher nach Italien. Vielmehr wurden die Bootsinsassen auf ein italienisches Militärschiff und zurück nach Libyen verfrachtet, wo sie den dortigen Behörden übergeben wurden.

Bei dieser Aktion handelte es sich offensichtlich um die erste Push-Back-Operation im Rahmen eines gerade geschlossenen Abkommens zwischen der damaligen rechtspopulistischen Regierung Silvio Berlusconi und Libyens Staatschef Muammar al-Gaddafi. Italiens Innenminister Roberto Maroni jubelte und sprach von einem »historischen Tag« im Kampf gegen »illegale Einwanderung« und von einem »Modell für Europa«. Das UNHCR zählte allein im Jahr 2009 1200 Flüchtlinge, die auf diese Weise nach Libyen zurückgebracht wurden.[4] Das Abkommen wurde erst am 26. Februar 2011, nach dem Sturz des libyschen Diktators, durch Italien beendet.

Jamma Hirsi, ein 25 Jahre alter Somalier, klagte gemeinsam mit 23 anderen Flüchtlingen, die sich auf den Booten befunden hatten, vor dem Europäischen Gerichtshof für Menschenrechte (EGMR) gegen die Rückführung nach Libyen. Die Kläger führten aus, zu keinem Zeitpunkt sei ihnen von den italienischen Beamten gesagt worden, dass sie nicht nach Italien gebracht würden. Die Italiener stellten auch keine Fragen, wer sich an Bord der Schiffe aufhielt oder welche Motive die Flüchtlinge hätten.

2012 verurteilte der Gerichtshof für Menschenrechte den italienischen Staat zu Entschädigungszahlungen an die Kläger in Höhe von je 15 000 Euro. Italien, führten die Richter aus, habe grundlegende Menschenrechte verletzt, die in der Europäischen Konvention für Menschenrechte festgelegt seien. Vor allem habe für die Flüchtlinge die Gefahr von Misshandlungen und Folter nicht nur in Libyen, sondern auch im Fall einer Kettenabschiebung in ihren Heimatländern bestanden. Zudem hätten die italienischen Beamten sich einer Gruppenabschiebung schuldig gemacht und nicht auf das individuelle Schicksal der Flüchtlinge Rücksicht genommen.[5]

Mit der Offenheit, mit der die Regierung Berlusconi Push-Back-Operationen betrieb, ist es seither vorbei. Solche Zurückschiebungen geschehen zwar ständig an den Außengrenzen der EU, aber sie werden stets bestritten. Denn sie verstoßen gegen EU-Recht. Das ergibt sich nicht nur aus dem Urteil des EGMR. Auch die offizielle Linie der EU-Kommission war in dieser Hinsicht völlig klar, wie Michele Cercone festhielt: »Alle Gesetze – seien sie innerhalb der EU oder international gültig – sind in der Hinsicht eindeutig, dass es nicht möglich ist, jemanden, der eine Grenze erreicht, zurückzuweisen.«[6]

Leider ist es aber eben doch möglich. Auf hoher See wird auf die Grundrechte von Flüchtlingen nicht immer Rücksicht genommen. So geriet die europäische Grenzschutzagentur Frontex ebenfalls 2009 in die Kritik, als im Rahmen ihrer Operation »Hera« Flüchtlinge vor der westafrikanischen Küste abgefangen und zum Abdrehen in den Senegal gezwungen wurden. Fast 6000 Menschen, so die damaligen Schätzungen, sei so der Zugang zum Territorium der EU verwehrt worden. Ein Flüchtling aus dem Senegal schilderte die Ereignisse seiner Odyssee: »Wir hatten nur noch drei Tage zu fahren, da hat uns ein Polizeischiff aufgehalten. Sie haben gedroht, unser Boot zu zerstören, wenn wir nicht sofort umkehrten. Wir waren fast verdurstet und hatten auch Leichen an Bord. Trotzdem gaben sie uns kein Wasser. Wir mussten zurück in den Senegal.«[7]

Wolfgang Schäuble (CDU), damals Innenminister und für die deutsche Beteiligung an den Frontex-Einsätzen verantwortlich, bestritt diese Praxis: »Wer in Not ist und Flüchtling ist, hat einen Anspruch auf Aufnahme, und wer auf hoher See ist, wird nicht zurückgeschickt, sondern es gelten die Regeln der Genfer Konvention.« Aber sein Parteifreund, der Vizefraktionschef der Konservativen im Europäischen Parlament (EVP), CSU-Politiker Manfred Weber, musste Schäuble korrigieren: »Wir haben leider Gottes Meldungen auf dem Tisch liegen, wo kollektiv zurückgeführt wird, ohne Einzelfallprüfung, und das ist definitiv mit europäischem Recht nicht zu vereinbaren.« Auch Pastor Renke Brahms, Friedensbeauftragter des Rats der Evangelischen Kirche Deutschlands, kritisierte die gängige Praxis der EU-Grenzsicherung auf See: »Das, finde ich, passt einfach nicht zu einer Europäischen Union, die sich die Menschenrechte als Maxime gesetzt haben. Wie soll das funktionieren, mit diesem hohen

Anspruch, wenn dann Flüchtlinge auf diese Weise in den Tod getrieben werden?«[8]

Wolfgang Schäuble hätte es besser wissen können. In einem gemeinsamen Interview mit dem damaligen EU-Kommissar für Justiz, Franco Frattini, begrüßte dieser die Aktivitäten der damals noch recht neuen Grenzschutzagentur Frontex. Dabei schilderte Frattini auch die Aufbringung eines Frachters im Atlantik zwischen den Kanarischen Inseln und der westafrikanischen Küste: »Ein italienisches und ein spanisches Schiff haben vor einigen Tagen bei einer Frontex-Operation im Atlantik ein Schiff gestoppt, das unter nordkoreanischer Flagge mit georgischer Besatzung und 350 illegalen Einwanderern aus Pakistan und Indien fuhr. Mit politischer Unterstützung Senegals und in Begleitung eines senegalesischen Bootes wird dieses Schiff nun in seinen Herkunftshafen Conacry in Guinea geleitet. Guinea hat dabei bisher einen positiven Geist der Kooperation gezeigt.«[9]

Das klingt nicht danach, als hätten die italienischen oder spanischen Beamten jeden Flüchtling individuell nach seinen Fluchtmotiven befragt und daraufhin zumindest einzelne Menschen nach Spanien gebracht. Es scheint vielmehr die Schilderung einer Push-Back-Operation zu sein. Unklar bleibt einzig, inwiefern die Beamten nationale oder Anordnungen der Frontex-Zentrale in Warschau befolgten.

# Farmakonisi

Trotz des Gerichtsurteils von 2012 sind Push-Back-Fälle auch für Griechenland dokumentiert. Zum Beispiel der Fall Farmakonisi vom Januar 2014: Ein Fischerboot mit 27 Menschen aus Afghanistan und Syrien an Bord kenterte nahe der griechischen Insel Farmakonisi – im Schlepptau eines Küstenwachschiffes. Zwölf Flüchtlinge aus Afghanistan ertranken, vier Frauen und acht Kinder. Die Vertreter der Küstenwache behaupteten, ihre Männer hätten die Flüchtlinge retten wollen, diese hätten sich aber so verhalten, dass das Boot Schlagseite bekommen habe und gekentert sei. Diese Version hielt der damals für die Handelsmarine zuständige Minister, Militiadis Varvitsiotis, auch in einer späteren Parlamentssitzung aufrecht.[10]

Die Überlebenden dagegen, die danach von unabhängigen Experten befragt wurden, berichteten, ihr Boot habe einen Motorschaden gehabt und sei von einem Schiff der griechischen Küstenwache gegen Mitternacht entdeckt worden. Das Küstenwachschiff habe das Flüchtlingsboot in Schlepptau genommen und sei dann bei unruhiger See mit hoher Geschwindigkeit Richtung türkische Küste gerast. Bevor das Boot gekentert sei, hätten sie um Hilfe gerufen und auf die an Bord befindlichen Kinder hingewiesen.

Ein Jahr nach dem katastrophalen Schiffsunglück haben die Angehörigen der Ertrunkenen Klage beim EGMR eingereicht. Sie sind überzeugt davon, dass ihre Verwandten im Zuge einer Push-Back-Operation gestorben sind. Tatsächlich sprechen viele Anzeichen dafür. Denn auch nach der Version der Küstenwache wurden die Bootsflüchtlinge – die man doch angeblich retten wollte – entgegen der üblichen Praxis nicht an Bord des Küstenwachschiffs geholt, sie bekamen keine Rettungswesten, und die Seenotrettung wurde erst nach dem Untergang des Bootes verständigt. Vorher hatte man lediglich die zuständige Einsatzzentrale für Grenzüberwachung kontaktiert.[11] Das Verfahren in Straßburg läuft noch.

Menschenrechtsorganisationen sprechen sogar von einer systematischen Push-Back-Praxis der griechischen Behörden, die oft das Leben der Flüchtlinge gefährdet. Demnach finden die Push-Back-Operationen sowohl auf hoher See, auf den Inseln nahe der türkischen Küste wie auch an Land statt. Bootsflüchtlinge beschreiben immer wieder, dass Schiffe der griechischen Küstenwache auf sie zugerast kamen und sie drohend umkreisten. Dann müssen die Flüchtlinge ihr Boot am Küstenwachschiff vertäuen. Manchmal werden sie auch gezwungen, den Motor oder Teile davon, die Ruder oder den Benzintank, abzugeben, bevor sie wieder in Richtung türkische Gewässer geschleppt und ihrem Schicksal überlassen werden. Häufig dauert es mehrere Stunden, bis die türkische Küstenwache die Flüchtlinge dann aufgreift und zurückeskortiert.

Wenn es den Flüchtlingen gelingt, auf einer der Inseln zu landen – sie sind sich wegen der GPS-Daten ihrer Handys sicher, tatsächlich auf einer griechischen Insel zu sein –, und sie werden von Polizisten gestellt, müssen sie häufig unter Schlägen wieder in ihre Boote steigen und in türkische Gewässer zurückkehren.[12]

Auch an der Landesgrenze zur Türkei sind Push-Backs oder zumindest Versuche dazu dokumentiert. So beschreibt eine afghanische Familie mit einem einjährigen Kind, wie sie von Schleusern bis zum Grenzfluss Evros gebracht wurde: »Die Schleuser haben uns mitten im Fluss stehen lassen, es muss um Mitternacht gewesen sein. Wir sollten durch den Fluss weiterwaten bis zu einem Wald und diesen durchqueren, um zu einem Dorf zu kommen. Das schafften wir auch. Aber als wir in dem Dorf ankamen – es war früher Morgen –, griff uns die Polizei auf und durchsuchte uns. Sie stellten keine Fragen, sie wollten nichts von uns wissen, sondern brachten uns zurück in den Wald und befahlen uns, uns hinzusetzen. In dem Wald warteten türkische Polizisten. Die Griechen versuchten, mit den Türken zu verhandeln, dass sie uns zurücknähmen. Das verstand einer aus unserer Gruppe, der etwas Englisch konnte. Aber die Türken weigerten sich. Und so nahmen uns die Griechen letztlich wieder mit und brachten uns zu einem Lager, in dem wir registriert wurden.«[13]

In zahlreichen anderen Fällen wurden die Flüchtlinge mit vorgehaltenen Waffen gezwungen, wieder zurück zum Fluss zu gehen und mit ihren Booten zurück in die Türkei zu fahren. In keinem der dokumentierten Fälle befragten die griechischen Polizisten die Ankömmlinge nach ihren Motiven.

Mit diesem Verhalten verstoßen die griechischen Grenzpolizisten gegen eine ganze Reihe von europäischen Gesetzen, die auch Griechenland ratifiziert hat: das Verbot kollektiver Abschiebungen, das Gebot der Nichtzurückweisung, das Verbot der Gefährdung von Leben, das Verbot von Misshandlungen und das Verbot von willkürlichen Festnahmen und Inhaftierungen. Mit anderen Worten: An den griechischen Außengrenzen werden die zentralen Gesetze zum Schutz von Asylsuchenden und Flüchtlingen seit Jahren mit Füßen getreten.[14] Die griechischen Behörden bestreiten pauschal, Push-Back-Operationen durchzuführen. Sie unterstellen Menschenrechtsorganisationen wie *Amnesty International* oder *Pro Asyl* »Meinungsmache«. Angesichts der Fülle der Fälle und des über Jahre hinweg gesammelten Materials erscheint dieser Vorwurf abwegig.

## Systematische Abwehr

Bulgarien wurde von den Flüchtlingswellen, die an den Grenzen des Landes anbrandeten, nachdem Griechenland seine Grenze zur Türkei abgeschottet hatte, völlig überrumpelt. Während in den Jahren zuvor gerade einmal 1000 Flüchtlinge pro Jahr über die Grenze kamen, waren es 2013 plötzlich über 11 000 Menschen. Der bulgarischen Verwaltung gelang es weder, für die Flüchtlinge – die Hälfte von ihnen Syrer – ein funktionierendes Asylsystem aufzubauen, noch, ihnen geeignete Unterbringungsmöglichkeiten bereitzustellen. Stattdessen setzte man auf Repression und versuchte, so wenig Flüchtlinge wie möglich ins Land gelangen zu lassen, wie diese syrische Familie berichtet: »Wir haben es drei Mal versucht, bis wir es endlich über die Grenze geschafft haben. Wir bezahlten erst einen Schleuser, der es zwei Mal versucht hat, aber beide Male haben uns die bulgarischen

Grenzpolizisten geschnappt und zurück an die Türken übergeben. Die Grenzer haben überhaupt nicht mit uns geredet, sie haben uns nicht angehört, als wir um Asyl baten. Jetzt sind wir immerhin in Sicherheit.«[15]

Bulgarischen Behörden zufolge haben 2014 38 500 Menschen versucht, die bulgarisch-türkische Grenze zu überwinden, was aber lediglich 6000 Menschen gelang. Das kann man als Erfolg einer völkerrechtswidrigen Push-Back-Praxis werten.

Es gibt kaum ein Gespräch mit Flüchtlingen im bulgarischen Auffanglager Harmanli, in dem nicht von den Push-Backs an der türkisch-bulgarischen Grenze gesprochen wird. Dabei spielen sich diese oft nicht so »geräuschlos« wie oben beschrieben ab. Es finden sich zahlreiche Berichte von Flüchtlingen, die geschlagen und/oder mit der Waffe bedroht und so zur Rückkehr in die Türkei genötigt wurden. Dabei machen die bulgarischen Polizisten auch vor besonders Schutzbedürftigen nicht halt: So sind zwei Fälle dokumentiert, in denen schwangere Frauen zurückgewiesen wurden. In einem Fall schlugen die Polizisten mit Knüppeln auf den Ehemann ein und bedrohten das Ehepaar mit Waffen. Die Frau verlor später ihr Baby.[16]

Überflüssig zu erwähnen, dass Bulgarien mit dieser Praxis gegen EU-Recht verstößt. Auch Bulgarien hat sich verpflichtet, die Standards für die Aufnahme von Asylsuchenden zu erfüllen, wie sie im »Common European Asylum System« festgehalten sind. Aber Bulgarien ist weit davon entfernt – wie andere Staaten auch –, den Anforderungen zu genügen. *Human Rights Watch* zählte 44 Berichte über Push-Backs von

41 interviewten Personen. Diese Aktionen betrafen über 500 Menschen. Dabei wandten die bulgarischen Grenzer meist körperliche Gewalt an.[17]

**Push Back – Ein Opfer berichtet**

Einer jungen syrischen Familie gelang es, die türkisch-bulgarische Grenze zu überqueren, als sich eine bulgarische Patrouille näherte. Während sich die Frau mit dem kleinen Kind verstecken konnte, wurde der Ehemann festgenommen. Der Mann schildert, wie die Soldaten ihn sofort schlugen, vor allem in den Unterleib, und dabei »No, no Bulgaria!« riefen.

»Nachdem sie mich geschlagen hatten, brachten sie mich zu ihrem Vorgesetzten, der auf seine Stiefel zeigte, als ob die meinetwegen schmutzig wären. Dann wies er einen Soldaten an, mich zu schlagen. Erst hat er mir mit der Faust in den Magen geschlagen, dann mit dem Pistolenstumpf auf meinen Rücken, sodass ich hingefallen bin. Dann hat er mir in den Brustkorb getreten. Ein Knochen im Rücken ist gebrochen, was sehr schmerzhaft war, aber das wusste ich in diesem Moment noch nicht. Sie haben mir immer weiter auf Kopf und Rücken geschlagen. Ich habe versucht zu fliehen, aber sie erwischten mich, und ich wurde noch mehr geschlagen. Drei von uns haben sie zu einem Jeep getrieben und dort unter weiteren Schlägen auf die Rückbank gestoßen. Zu dieser Zeit habe ich über den ganzen Schmerz gar nicht nachgedacht, alles, worüber ich mir Sorgen gemacht habe, waren meine Frau und mein Sohn.«[18] Anschließend brachten die Soldaten den jungen Syrer zurück an die Grenze. Wieder schlugen sie ihn und trieben ihn so bis in die Türkei.

Die Push-Backs sind nur ein Teil einer größer angelegten Strategie, die Bulgarien mit dem sogenannten »Containment Plan« von 2013 verfolgt: 1500 zusätzliche Polizisten wurden an die Grenze verlegt, unterstützt von Beamten und Material aus Ressourcen der europäischen Grenzschutzagentur Frontex. Außerdem zogen die Bulgaren einen 33 Kilometer langen Zaun an der Grenze zur Türkei auf. Stationäre und bewegliche Kameras sowie Bewegungsmelder überwachen einen knapp 60 Kilometer langen Grenzabschnitt. Schätzungen sprechen von 20 Millionen Euro Investitionskosten für Bulgarien, von denen etwa 15 Millionen aus dem EU-Außengrenzfonds stammen.[19]

In einer Polizeikaserne in der Kreisstadt Ehovo befindet sich das Lagezentrum der Grenztruppen. Die Kaserne liegt mitten in einem Wohngebiet. Mit Pferdekarren bringen die Bauern der Umgebung ihre Ware zum Markt. Lkws fahren immer neue Polizisten in die Kaserne, die aus mehreren zweistöckigen Betongebäuden besteht. Auf dem Kasernenhof plaudern mehrere Dutzend Polizisten, rauchen und warten auf den Beginn ihrer Schicht an der Grenze. Etwas weiter entfernt befindet sich ein abgezäunter Bereich mit einer kleinen Baracke. Ein paar Kinder spielen im Gras davor. Gerade aufgegriffene Flüchtlinge, heißt es, die hier erkennungsdienstlich behandelt werden, bevor sie in eines der Flüchtlingslager gebracht werden.

Nur besonders Befugte haben Zugang zum Kontrollraum, der im Hauptgebäude untergebracht ist. Mehr als ein Dutzend Monitore zeigen große Teile der Grenze. In wenigen

Monaten, so Kommissar Janev, Verantwortlicher im Kontrollzentrum, wird es möglich sein, jede Bewegung im Grenzgebiet lückenlos wahrzunehmen. Er ist zufrieden mit den Fortschritten: »Im vergangenen Herbst gab es Tage, an denen wir 200 bis 250 illegale Immigranten festgenommen haben. Inzwischen, ein halbes Jahr später, zählen wir gerade noch 100 Menschen im ganzen Monat.«[20]

## Der Zaun

Die spanischen Enklaven auf dem afrikanischen Kontinent, Ceuta und Melilla, sind die einzigen Schwachstellen der spanischen Bemühungen, die Zugänge zur Iberischen Halbinsel hermetisch zu verriegeln. Bis zum Ende des letzten Jahrhunderts gingen einheimische Arbeiter in den beiden spanischen Städten ein und aus. Sie arbeiteten tagsüber – oft im Dienstleistungssektor –, um abends wieder zu ihren Familien in die benachbarten marokkanischen Dörfer zurückzukehren. Seit einigen Jahren ist es mit dieser guten Nachbarschaft vorbei. Als immer mehr Menschen mit dem Ziel in die beiden Städte kamen, Asyl in Europa zu bekommen, errichtete die spanische Regierung einen Zaun um Ceuta, der inzwischen bis zu sechs Meter hoch und mit messerscharfen Metallsplittern gespickt ist.

Viele der Flüchtlinge, die in den Bergen um Ceuta leben, haben Narben von ihren Versuchen davongetragen, den Zaun zu überwinden. Immer wieder versuchen sie, nach

Ceuta hineinzukommen, immer wieder werden sie am Zaun gestellt – von marokkanischen Polizisten auf der einen und der spanischen Guardia Civil auf der anderen Seite. Manche der Flüchtlinge leben seit Jahren in den Camps auf dem Berg Gourougou bei Ceuta.[21] Regelmäßig führt die marokkanische Polizei Razzien durch und bringt die Unglücklichen, deren sie habhaft werden kann, ein paar Autostunden südlich in die Wüste und setzt sie dort aus. Aber sie kommen wieder, die Situation ändert sich nicht.

Denn es sind zu viele, die den Versuch, den Zaun zu überwinden, als ihre letzte Chance ansehen, ein menschenwürdiges Leben zu führen. Und deshalb warten immer Hunderte um den Zaun herum, ob sich nicht eine Gelegenheit bietet, doch die Grenzanlagen zu überwinden. Die Golfspieler, die sich auf der europäischen Seite in Sichtweite des Zauns entspannen, können gut beobachten, wenn sich wieder einmal ein paar Flüchtlinge daranmachen, den Zaun zu überwinden. Zwei Millionen hat sich die EU den Golfplatz kosten lassen, finanziert aus dem EU-Ausgleichsfonds für benachteiligte Regionen.[22]

Am 6. Februar 2014 versuchten etwa 200 Flüchtlinge gemeinsam eine neue Taktik. Sie rannten an den Strand, überraschten damit die marokkanischen Sicherheitskräfte und sprangen ins Wasser. Sie schwammen um den Zaun herum, der an dieser Stelle mehrere Meter ins Wasser ragt, in den Hafen von Ceuta. Ein paar Dutzend Flüchtlinge wurde schon auf der marokkanischen Seite aufgehalten. Aber mindestens 100 gelang es, ins Wasser zu kommen. Dann griff die spanische Guardia Civil ein. Mit Gummigeschossen versuchten sie, die Flüchtlinge zu vertreiben: »Sie schossen auf uns, um unsere Luftmatratzen zu zerstören«, gab einer der Flüchtlinge anschließend zu Protokoll, »und sie versprühten Tränengas. Einige von uns bekamen Panik, einige wurden ohnmächtig und unter Wasser gedrückt.«[23]

Mindestens 14 Tote hatte dieses brutale Eingreifen der spanischen Guardia Civil zur Folge. Zwei Menschen, die von ihren Kameraden ans Ufer gebracht werden konnten, konnten nicht wiederbelebt werden. Der Krankenwagen, sagen Zeugen aus, brauchte fast eine Stunde, bis er an der Unglücksstelle ankam. Sie sind fest davon überzeugt, die Ertrunkenen hätten noch gerettet werden können.[24]

Mehrere der Flüchtlinge, die bis auf die spanische Seite durchkamen, wurden sofort wieder auf marokkanisches Territorium zurückgebracht, so jedenfalls die Aussagen mehrerer Überlebender: »Als ich endlich wieder Boden unter den Füßen hatte, sagte ich zu dem ersten Polizisten, der zu mir rannte: ›Mein Kopf, mein Kopf, ihr habt meinen Kopf getroffen!‹ Aber sie hörten mir überhaupt nicht zu, sie warfen mich zu Boden, fünf Mann über mir. Darunter eine Frau, die zu mir sagte: ›Sei ruhig!‹ Dann kam der Chef der Polizisten und befahl, mich sofort rauszuschmeißen.«[25]

Sollten diese Berichte zutreffen – woran wenig Zweifel besteht –, handelte es sich auch hier um einen eklatanten Verstoß gegen das Verbot von Push-Back-Operationen. Ganz abgesehen von der brutalen und menschenverachtenden Aktion der spanischen Guardia Civil, auf Menschen zu schießen, um sie von der Grenze fernzuhalten, und dabei den Tod von 14 Menschen billigend in Kauf zu nehmen.

Die Kritik von EU-Kommission und Europarat am spanischen Vorgehen, Flüchtlinge sofort wieder nach Marokko zurückzuschieben, lässt den spanischen Innenminister Jorge Fernández kalt: »Mit großer Freude werden wir den Bitten Europas nachkommen. Wenn uns jemand verspricht, diese Leute würdig zu behandeln, sie versorgt, ihnen Arbeit gibt, soll er uns seine Adresse geben. Wir werden ihm diese Menschen so schnell wie möglich schicken.«[26]

Für Menschenrechtsorganisationen wie die spanische *Prodeim* ist das Vorgehen der Guardia Civil illegal. Sie hat Strafanzeige gestellt: »Diese Praxis ist illegal wegen der Gewaltanwendung, weil die Leute nicht identifiziert werden, weil sie keine Chance haben, Asyl zu beantragen, weil ihnen der rechtlich zustehende Rechtsanwalt und ein Übersetzer verweigert werden. Sie können nicht sagen, ob sie Asyl beantragen wollen. Verletzte werden nicht behandelt, sondern abgeschoben.«[27]

Mit solchen Feinheiten will sich Innenminister Jorge Fernández nicht aufhalten. Er hat einen Gesetzentwurf im spanischen Parlament eingebracht, der die Praxis des Push-Back legalisieren soll. Das Parlament wird das Gesetz sicher verabschieden, schätzt die Sprecherin von *Amnesty International*, María Serrano, die Stimmung in Spanien ein, obwohl es nach ihrer Einschätzung klar gegen die internationale Rechtslage verstößt: »Aber früher oder später wird es gekippt werden – vom spanischen Verfassungsgericht, der EU-Kommission oder dem Europäischen Gerichtshof für Menschenrechte. Es widerspricht ja ganz offensichtlich dem Völkerrecht, der spanischen Verfassung, den EU-Abkommen zur Einwanderung und dem Asylrecht. Damit will man eine illegale Praxis legalisieren.«[28] Aber bis es so weit ist, gewinnt Spanien ein paar Jahre Zeit, um mit voller Wucht in seinen Exklaven agieren zu können. Vermutlich ist es das, was der Innenminister eigentlich will.

# Frontex

Der Militärflughafen in Torremolinos an der spanischen Mittelmeerküste. Ein Überwachungsflugzeug der italienischen Küstenwache steigt zu seinem täglichen Patrouillenflug und zur Jagd auf Migrantenboote auf. Bei der Frontex-Operation »Indalo« kontrollieren die Italiener gemeinsam mit den Spaniern und anderen europäischen Nationen die Seegrenze zwischen Afrika und Europa im westlichen Mittelmeer. Bei der Meerenge von Gibraltar beträgt die Entfernung zwischen den Kontinenten nur wenige Kilometer. Die Kameras des Aufklärungsflugzeugs, die von einem *Operator* mit Hilfe von *Joysticks* wie bei einem Computerspiel bedient werden, können aus 2000 Metern Höhe jede Kaffeetasse auf einer Jacht glasklar auf den Monitoren abbilden.

Das Flugzeug hat jetzt die Arbeitsflughöhe erreicht und überwacht ein Gebiet von einigen Hundert Quadratkilometern. Auf einem Radarbildschirm sind Dutzende von Schiffssignalen zu sehen. Einige Schiffe haben keine Kennung, besonders Jachten oder Motorboote. Sie bilden das erste Ziel des *Operators*, an sie zoomt er seine Kameras heran und schaut sich das Deck ebenso an wie die Wasserlinie: Liegt das Schiff ungewöhnlich tief im Wasser? Ein möglicher Hinweis auf Flüchtlinge, die im Bauch des Schiffes verborgen sein könnten.

Die Crew um den Piloten Paolo di Giorgio ist routiniert. Seit 2006 fliegen sie im Auftrag von Frontex an den Grenzen Europas, zunächst im Rahmen der Operation »Hera«[1] vor den Kanarischen Inseln im Seegebiet vor der afrikanischen Küste. Operation »Hera« war eine der ersten Frontex-Missionen. Seit Anfang der 2000er Jahre versuchten zunehmend Flüchtlinge aus Westafrika, mit Booten zu den Kanarischen Inseln und damit auf EU-Territorium zu gelangen. Eine besonders gefährliche Route, da die schmalen Fischerboote, die zur Flucht genutzt wurden, nicht hochseetauglich waren. Di Giorgio und seine Crew hatten den Auftrag, Flüchtlingsboote, die vom Senegal oder Mauretanien gestartet waren, ausfindig zu machen und ihre Koordinaten an die Militärschiffe der Operation weiterzugeben. Diese zwangen die Flüchtlinge oft genug, wieder umzukehren.

Die Kontrolle des Atlantiks vor Westafrika war so erfolgreich, dass der Flüchtlingsstrom auf dieser Route fast versiegte. Inzwischen nehmen die Flüchtlinge Routen durch Mali und den Niger auf sich, sind also wochenlang in der Sahara unterwegs, um an die nordafrikanische Küste zu gelangen. Wie viele Menschen auf dieser Route umkommen, ist unbekannt.

Seit drei Jahren kontrollieren die italienischen Grenzschützer mit ihrem Überwachungsflugzeug die spanischen Küstengewässer, für sie ein besonders schwieriges Gebiet: »Unser Frontex-Auftrag heißt, jeden Immigranten aus Afrika ausfindig zu machen. Die Distanz zwischen Afrika und Spanien oder Afrika und Italien ist nicht sehr groß – uns bleibt also nur wenig Zeit, die Zielpersonen abzufangen«, erklärt di Giorgio.

Die Grenzpolizeiagentur Frontex ist eine Konsequenz des Schengen-Abkommens, das 1995 in Kraft trat. Schengen beseitigte die Grenzen innerhalb der Europäischen Union. Keine Passkontrollen mehr, keine Visa – stattdessen Reisefreiheit. Nach und nach traten alle EU-Staaten bis auf Großbritannien, Irland und Zypern dem Abkommen bei. Rumänien, Bulgarien und Kroatien wenden das Abkommen nur teilweise an. Zusätzlich zu den EU-Staaten gehören auch Island, Norwegen, die Schweiz und Liechtenstein dem Schengen-Verbund an.

Umso hermetischer wurden die Außengrenzen der EU dicht gemacht. Das Einsatzgebiet von Frontex erstreckt sich seit 2005 von Westafrika bis Osteuropa. Für den damaligen deutschen Innenminister Wolfgang Schäuble war die Grenzschutzagentur die richtige Antwort auf die steigende Zahl von Flüchtlingen: »Frontex ist ein Mittel unserer Politik der Bekämpfung illegaler Migration. Das können wir gemeinsam besser und effizienter.«[2]

Die Aufgaben der Agentur: Sie erstellt »Risiko- und Gefahrenanalysen«, auf deren Basis Mitgliedsstaaten mit einer EU-Außengrenze mit Personal und/oder Material unterstützt werden. Die Agentur koordiniert den Einsatz an den Außengrenzen, bildet Beamte aus und unterstützt Mitgliedsstaaten bei der Abschiebung von Personen aus Drittstaaten. Außerdem schickt Frontex sogenannte Interventionsteams in Krisensituationen an die jeweiligen Außengrenzen. In der Regel arbeitet Frontex im Rahmen von Operationen, die sich über mehrere Monate erstrecken und gegebenenfalls jedes Jahr verlängert werden. Operation »Poseidon« bzw. »Poseidon Land« etwa bezeichnet den Einsatz im östlichen Mittelmeer, v. a. in Griechenland und Bulgarien. Im Rahmen der Operation »Nautilus« patrouillieren Frontex-Schiffe im Mittelmeer zwischen Nordafrika und Malta. Die Operation »Indalo« deckt das Seegebiet zwischen Andalusien und Marokko und Algerien ab.

Zwei Tage zuvor entdeckte die italienische Crew des Überwachungsflugzeugs mit ihren Kameras ein Schlauchboot, das gerade von der algerischen Küste abgelegt hatte: »Wir dokumentieren alle unsere Aktionen mit einer Videoaufzeichnung. Auf diesem Video ist ein Boot von zehn Meter Länge voller Immigranten zu sehen – es sind zwischen zehn und fünfzehn Personen an Bord. Als wir es entdeckt hatten, gaben wir Position, Kurs und Geschwindigkeit an die Bodenstation weiter. Und die Zusammenarbeit mit den algerischen Behörden hat sehr gut funktioniert.«[3]

Die Flüchtlinge müssen also nicht nur mit der Allgegenwart der EU-Grenzer rechnen, sie werden auch von den Küstenwachen der nordafrikanischen Länder gejagt. Ob in dem Boot vielleicht Flüchtlinge sitzen, die vor Verfolgung fliehen, spielt für die Frontex-Leute anscheinend keine Rolle. Sie überlassen den Algeriern die Verantwortung für das Schicksal der Menschen. Rein rechtlich handelte es sich in diesem Fall nicht um eine Push-Back-Situation, da die Flüchtlinge sich noch in algerischen Hoheitsgewässern befanden.

So hindert man Flüchtlinge daran, auf dem Territorium der EU eventuell einen Wunsch nach Asyl vorzubringen.

## »Indalo«

Die Operation »Indalo« ist eine klassische Frontex-Operation, wie Michele Cercone von der EU-Kommission erläutert: »Frontex ist nicht allein dazu da, die EU-Grenzen zu kontrollieren. Die Funktion von Frontex ist es, die europäischen Mitgliedsstaaten zu unterstützen, die unter Migrationsdruck stehen. Die Mitgliedsstaaten stellen Frontex-Beamte, Fahrzeuge, Hubschrauber, Flugzeuge für einen Einsatz in dem jeweiligen Land, das Hilfe an seinen Grenzen benötigt, zur Verfügung.«[4]

»Indalo« wird vom Hauptquartier der Guardia Civil in Madrid gesteuert. Die kasernierte Polizei, zu Zeiten der Diktatur Francos eine treue Stütze des Regimes, hat immer noch den Ruf, besonders konservativ zu sein. In einem *Operation Room*, in dem auf zahlreichen Bildschirmen das Geschehen an und vor Spaniens Küsten verfolgt wird, beobachten zwei Beamte die Monitore.

Während des Sommers, wenn die meisten Flüchtlinge Richtung Europa unterwegs sind, treffen sich die verantwortlichen Polizeioffiziere hier täglich zur Lagebesprechung. Francisco Acosta, Leiter der Frontex-Operation »Indalo«, bringt die Kollegen auf den aktuellen Stand: »Gestern hatten wir einen Zwischenfall um neun Uhr morgens. Eines unserer Küstenwachboote entdeckte ein Schlauchboot mit Flüchtlingen 3,5 Meilen südlich von Tarifa.« Das Boot wurde beschlagnahmt, die Menschen der Polizei übergeben.

Die Runde besteht aus zehn Personen, einem Frontex-Verbindungsoffizier, der für die Kommunikation mit der Zentrale in Warschau zuständig ist, und Vertretern aller Nationen, die im Rahmen von »Indalo« kooperieren, Italiener, Spanier, Portugiesen, Slowaken, Schweden – und ein Isländer. Obwohl kein EU-Mitglied, ist Island doch dem Schengen-Raum beigetreten und steuert ein Schiff seiner Küstenwache zur Überwachung bei.

Francisco Acosta ist zufrieden mit dem Verlauf seiner Mission: »Bisher ist die Zahl der illegalen Einwanderer in diesem Jahr leicht zurückgegangen, zum Glück. Je mehr Illegale versuchen, das Mittelmeer zu überqueren, desto mehr sterben auch. Dennoch haben wir einen permanenten Fluss von Ankommenden.«[5] Knapp 8000 Flüchtlinge sind 2014 über das westliche Mittelmeer irregulär in die EU gekommen – nur 2,8 Prozent der irregulären Migration.[6] Tatsächlich ist es auffällig, wie wenig Flüchtlinge über die Meerenge von Gibraltar nach Europa kommen – dabei ist die Strecke von etwa zwölf Kilometern an der schmalsten Stelle für ein schnelles Boot in weniger als einer Stunde zu bewältigen. Dazu tragen erheblich die Überwachungsmaßnahmen der Spanier bei, die inzwischen die ganze Küste abdecken. Ein System aus Kameras, Radar und anderen Kommunikationsmitteln, das die gesamte Küste überwacht und alle Schiffe im Blick hat, scannt das küstennahe Gebiet ab. Schnellboote der Küstenwache sind in ständigem Austausch mit dem Hauptquartier in Madrid, das den Einsatz auch über diese Kameras steuert.[7]

Zum Überwachungsverbund gehört ein Schiff der isländischen Küstenwache, das das Meer bis hinüber zur afrikanischen Küste beobachtet. Einar H. Valsson, Kapitän der *Landhelgiscaeslan*, erklärt: »Hier befinden wir uns in internationalen Gewässern, zwischen Spanien, Marokko und Algerien. Wir beteiligen uns jetzt zum dritten Mal an einer Frontex-Operation. Zuerst waren wir vor der senegalesischen Küste, dann vor Kreta stationiert, und jetzt sind wir Teil der Operation im westlichen Mittelmeer.«[8]

Neben der aufwendigen Überwachung sind es vor allem die Verträge mit Algerien und Marokko, die Spanien so geringe Flüchtlingszahlen bescheren. Ohne die Zusammenarbeit von EU-Staaten mit nordafrikanischen Ländern wie Algerien oder Tunesien könnte Frontex nicht erfolgreich agieren. Das weiß auch Francisco Acosta, der Leiter der Operation »Indalo«: »Die bilateralen Abkommen zwischen Spanien und verschiedenen Drittstaaten machen es erst möglich, auch in afrikanischen Gewässern zu patrouillieren. Das ist die Basis unseres Erfolgs. Frontex und die Europäische Union profitieren von dieser Konstellation. Das ist entscheidend für uns.«[9]

Francisco Acosta ist ein eher gelassener Typ, der stolz auf die Arbeit seines Teams ist. Was denkt er über die Motive der Flüchtlinge, die nach Europa kommen? »Ich bin Polizist, beauftragt mit einer Operation. Die politischen Inhalte gehen mich nichts an. Wir haben einen Plan für eine Operation, der von Frontex verfasst worden ist, und dieser Plan lautet, jegliche illegalen Aktivitäten zu bekämpfen.«

Illegale Aktivitäten – damit meint Acosta nicht nur den Versuch von Flüchtlingen, auf spanisches Territorium zu gelangen. Dazu gehört auch die Jagd auf Drogenschmuggler, ebenfalls Gegenstand der Operation »Indalo«.

Das zeigt sich auf einem Schrottplatz in einem Gewerbegebiet im andalusischen Almería, auf dem die Guardia Civil beschlagnahmte Boote und Autos deponiert. Die Drogenboote sind sechs bis zehn Meter lange Hochgeschwindigkeitsboote mit bis zu drei Außenbordern. Die Flüchtlingsboote hingegen sind meist kleine Küstenschiffe von vier oder fünf Meter Länge, an denen schon der Zahn der Zeit genagt hat. Der Platz reicht nicht aus für die zahlreichen Boote. Alberto Sanchez von der Guardia Civil zeigt auf das Dach eines Bootsschuppens: »Das sind alles Flüchtlingsboote. Wir haben sie da oben deponiert, weil am Boden schon alles voll ist.«

Die Frontex-Operationen verhindern aber nicht, dass der Schmuggel von Menschen und Drogen immer weitergeht: »Sie können den Kontinent nicht ganz abriegeln, aber sie treiben den Preis hoch. Sie schaffen ein neues Konjunkturprogramm für die Schlepperindustrie, aber sie leisten keinen Beitrag zur Beendigung der humanitären Krise vor der eigenen Haustür«, urteilt Karl Kopp von *Pro Asyl*.[10]

Das sieht die EU-Kommission, in deren Auftrag Frontex agiert, ganz anders, ebenso wie die Verantwortlichen in der Zentrale in Warschau. Sie sind Kritik gewohnt. Die »Europäische Agentur für die operative Zusammenarbeit an den Außengrenzen der Mitgliedstaaten der Europäischen Union« gilt als Synonym für das rigide Abschotten der EU-Außengrenzen. Dabei, so der Vorwurf, würden immer wieder

EU-Gesetze verletzt[11], was die Agentur hartnäckig bestreitet. Beamte, die im Auftrag von Frontex vor Ort sind, müssen für Menschenrechtsaktivisten wie Karl Kopp von *Pro Asyl* jedoch nicht direkt für Menschenrechtsverletzungen verantwortlich sein, um sich mitschuldig zu machen: »Frontex ist so etwas wie der Wachhund der EU, aber Frontex ist nicht die europäische Grenzpolizei, sondern Frontex koordiniert. Frontex ist sozusagen Ausdruck einer verfehlten europäischen Flüchtlingspolitik. Nicht an allen Menschenrechtsverletzungen ist Frontex schuld, aber Frontex koordiniert Einsätze wie beispielsweise in Griechenland, in Bulgarien oder in Italien, wo Menschenrechtsverletzungen geschehen.«[12]

Judith Sunderland von *Human Rights Watch* sieht den gleichen Konstruktionsfehler: »Wir haben Frontex ›Europas schmutzige Hände‹ genannt, nachdem wir untersucht hatten, wie Frontex die griechischen Behörden an der Grenze zur Türkei unterstützt. Wir fanden heraus, dass Polizisten aus verschiedenen Mitgliedsstaaten im Grunde zu Komplizen der griechischen Behörden wurden, weil sie Flüchtlinge und Asylsuchende Haftbedingungen auslieferten, die unmenschlich und entwürdigend waren. Manchmal kam es dort sogar zu Misshandlungen.«[13]

Die Agentur streitet das ab. Sie stehe bei der Erfüllung ihrer Aufgaben fest auf dem Boden der EU-Gesetzgebung. Frontex – so die Maßgabe der EU-Kommission – soll helfen, die Außengrenzen der EU so undurchlässig wie möglich zu machen. Ob in Griechenland, vor den Kanarischen Inseln oder an der Grenze zur Ukraine im Osten.

## Headquarter Warschau

Warschau, Sitz von Frontex. Etwa 250 Beamte arbeiten in der polnischen Hauptstadt für die europäische Grenzpolizei. In einem Hochhaus im Zentrum der Stadt belegt die Agentur die obersten Stockwerke. So ist der Zugang leicht zu kontrollieren. Eine Sicherheitsschleuse mit Iris-Scanner sorgt dafür, dass kein Ungebetener Zugang erhält.

Der *Situation Room* ist das Herzstück des Hauptquartiers. Der Raum ist abgedunkelt, sechs Beamte arbeiten an ihren Kontrollmonitoren, an denen sie alle Außengrenzen Europas mit den derzeit verfügbaren Informationen aufrufen können. Gerade läuft ein Zugriff auf eine Gruppe von mutmaßlichen Flüchtlingen an der bulgarisch-türkischen Grenze. Der Beamte vor Ort übermittelt in Minutenabständen den Stand der Aktion. Sobald der Zugriff beendet ist, wird er eine Zusammenfassung schreiben und an die Zentrale übermitteln. Die Lage an den südlichen Grenzen steht permanent im Fokus, die Operation »Poseidon«, die das Gebiet zwischen der Türkei und Griechenland abdeckt, oder die Situation um Lampedusa werden täglich erfasst und analysiert.

Die Agentur verfügt bis auf die Beamten in der Zentrale in Warschau weder über eigenes Personal noch Equipment. Vielmehr stellen die Mitgliedsstaaten Beamte und Fahrzeuge, Flugzeuge, Hubschrauber oder Schiffe auf Anforderung zur Verfügung. Belief sich das Budget von Frontex 2005 noch auf gut sechs Millionen Euro, betrug es 2015 bereits 114 Millionen Euro.[14]

Klaus Rösler ist der operative Leiter aller Frontex-Operationen. Der Deutsche ist seit 2008 für alle Einsätze an den EU-Außengrenzen verantwortlich. Er gibt sich defensiv. Frontex sei den Mitgliedsstaaten lediglich auf Anforderung behilflich. Die Federführung bei den Einsätzen hätten gemäß den Verträgen immer die Nationen, auf deren Territorien die Einsätze stattfänden.[15]

Das ist auch das Argument, das Frontex anführt, wenn es um Menschenrechtsverletzungen an den Grenzen geht: Die Beamten der Agentur unterstützten lediglich die Beamten der Gastnationen. Eine reine Verschleierungstaktik. Ob an den Landgrenzen oder auf hoher See, welches Schiff oder Flugzeug, welcher Hubschrauber und welches Auto zu welcher Einheit gehört, ist letztlich irrelevant. Denn wenn an der griechisch-türkischen Landgrenze Beamte aus anderen EU-Staaten, ausgerüstet mit Wärmebildkameras, ihre griechischen Kollegen über eine Gruppe von Flüchtlingen informieren und diese dann vielleicht unter Gewaltanwendung daran gehindert werden, griechisches Territorium zu betreten, handelt es sich um eine Aktion, die eventuell die Rechte von Flüchtlingen verletzt. Wenn Frontex-Beamte im Mittelmeer Boote mit Flüchtlingen entdecken, die libysche oder algerische Küstenwache verständigen und diese das Boot dann zur Umkehr zwingt, agieren die Beamten zumindest in einer Grauzone.

Nach Ansicht von Judith Sunderland von *Human Rights Watch* dürften die Frontex-Beamten überhaupt nicht mit Behörden von Drittstaaten zusammenarbeiten, wenn es darum geht, Flüchtlinge abzuwehren. Kein Frontex-Beamter könne einschätzen, welche Menschen aus welchen Motiven auf einem Boot unterwegs wären: »Migrationsbewegungen sind immer gemischt. Ein Boot, das in Almería oder Lampedusa eintrifft, hat immer Flüchtlinge aus wirtschaftlichen und politischen Motiven an Bord. Oder Menschen, die besonders schutzbedürftig sind, wie etwa unbegleitete Kinder. Jeder Mitgliedsstaat und auch die EU selbst müssen den Zugang zum eigenen Territorium garantieren, um sicherzustellen, dass die Schutzbedürfnisse jedes Individuums gewährleistet werden.«[16]

Tatsächlich ist für einen Außenstehenden – noch dazu einen Flüchtling, der in einer extremen Ausnahmesituation und vielleicht unter Lebensgefahr versucht, in die EU zu gelangen – nicht zu erkennen, welche Einheiten an der Grenze von den nationalen Behörden und welche von Frontex entsandt sind. In dieser Struktur der Frontex-Operationen, in ihrem Mix aus nationalen Grenzschützern, Schiffen, Helikoptern oder Flugzeugen, die Mitgliedsstaaten zur Verfügung stellen, die aber unter Frontex-Flagge und der Oberhoheit der nationalen Grenzschützer für die jeweiligen Operationen genutzt werden, verschwimmen die Zuständigkeiten.

Stefan Kessler vom *Jesuit Refugee Service* beobachtet von seinem Brüsseler Büro aus immer die gleichen verworrenen Situationen: »Die Kritik an Frontex macht sich nicht unbedingt an der Agentur selbst fest, sondern die Kritik lässt sich zusammenfassen in dem Begriff ›organisierte Verantwortungslosigkeit‹. Wenn ich Flüchtlinge habe, die sagen, sie sind schutzbedürftig, dann gibt es keine klaren Regelungen. Wer ist jetzt dafür verantwortlich, dass die Menschen Zugang zu einem fairen Verfahren bekommen? Ist es das nationale Schiff, das Grenzschutzboot, das sie aufgegriffen hat? Ist es der Mitgliedsstaat, der die Operation veranlasst hat? Ist es Frontex? Und deshalb kommt es immer wieder zu diesen Fällen, in denen Menschen nicht aufgenommen worden, in denen Menschen zurückgeschoben worden sind, im klaren Bruch von europäischem und Völkerrecht.«[17]

Wenn die Agentur Frontex ihren eigenen Grundrechtekatalog ernst nähme – müsste sie dann nicht konsequent gemeinsame Operationen mit Nationen beenden, die Menschenrechtsverletzungen begehen? Klaus Rösler räumt das als theoretische Möglichkeit ein. Tatsächlich habe man aber *Joint Operations* bisher noch nie abgebrochen. Auch mit dem Argument, wer schaue dann noch den nationalen Beamten auf die Finger: »Frontex sieht nicht weg, wenn Teile des Migrationsprozesses, auf die sich unsere Tätigkeit nicht erstreckt, nicht optimal laufen. Frontex sieht nicht weg, Frontex spricht mit den zuständigen Behörden. Frontex hat die Möglichkeit des Sehens und die Möglichkeit des Wortes.«[18] Die Möglichkeiten des Sehens und des Wortes hat Klaus Rösler wohl nicht ganz ausgeschöpft. Anders sind die permanenten Menschenrechtsverletzungen in Griechenland oder Bulgarien kaum zu erklären. Und auch sein eigener langjähriger Vorgesetzter strafte den Deutschen Lügen. Auch die Agentur selbst habe an illegalen Operationen teilgenommen, musste Ilkka Laittinen, bis 2014 Frontex-Chef, zugeben. Die Agentur war entgegen bisher anders lautender Beteuerungen in Push-Back-Operationen verwickelt: »Für uns sind diese Push-Back-Aktionen nicht akzeptabel«, sagte Laittinen, trotzdem kämen sie »bedauerlicherweise« weiter vor. »Unsere Statistiken weisen fünf bis zehn Fälle im Jahr auf, in denen wir einem solchen Verdacht nachgehen müssen.«[19]

**Interview mit Karl Kopp, *Pro Asyl*[20]**

■ **Sind Push-Back-Aktionen mit EU-Recht vereinbar?**

»Alle relevanten Akteure werden bestätigen, dass Push-Backs gesetzeswidrig sind. Und offiziell gibt es sie auch nicht – vom berühmten Interview von Ilkka Laittinen einmal abgesehen. Dabei haben UNHCR und Menschenrechtsorganisationen eine ganze Bibliothek als Beweissicherung abgeliefert. Aber das ist ja die insgeheime Komplizenschaft der Europäer, dass alle schweigen, dass sich niemand wundert. 2012 gingen die Flüchtlingszahlen auf dem Landweg zwischen der Türkei und Griechenland fast gegen null. Warum? Weil die alte griechische Regierung den Auftrag der EU erfüllt hat, den Zustrom zu stoppen, dann folgte Bulgarien. Das sind ja Leute, für die sind Menschenrechte nicht das ›Kerngeschäft‹. Die nennen das nicht Push-Back, aber am Ende bist du wieder auf der anderen Seite, vielleicht mit einem gebrochenen Bein. Und dazu gibt es keine Strafverfahren.«

■ **Das Verfahren wegen der Vorfälle in Farmakonisi ist aber noch vor dem EUGM anhängig?**

»In Griechenland ist dieses Verfahren zu den Akten gelegt worden, nachdem der 16. Überlebende zu 100 Jahren Haft

→

verurteilt worden ist. Angeblich, weil er der Kapitän des Bootes war. Dabei bezeugen alle Überlebenden, dass er ein Flüchtling war, wie sie selbst. Das ist ja die Strategie, dass Flüchtlinge kriminalisiert werden, das hat sich auch unter der neuen Regierung nicht geändert. Der EUGM ist da eine Art Leuchtturm in einem Europa, in dem Menschenrechte einfach versenkt werden.«

■ Wie verändert sich die Rolle von Frontex?

»Frontex wird gestärkt und ist sogar für die Operation ›Triton‹ verantwortlich. Der neue Exekutivdirektor Fabrice Leggeri war dagegen, weil er Frontex nicht für die Seenotrettung zuständig sieht. Das sehen wir auch so. Sie haben nicht das Mandat, sie haben nicht das Know-how. Frontex war ja ursprünglich nur für Abschreckung konzipiert, im Übrigen ein deutsches Kind, denn Otto Schily, damals deutscher Innenminister, sieht sich als der ›godfather‹ von Frontex.«

■ Muss Frontex nicht reagieren, wenn Menschenrechtsverletzungen geschehen?

»Frontex verpflichtet sich in seiner Charta zur Wahrung der Menschenrechte. Aber es hat noch keinen Fall gegeben, in dem Frontex eine gemeinsame Operation mit nationalen Grenzschutzbehörden abgebrochen hätte, auch wenn dutzendfach Push-Backs dokumentiert werden. Trotzdem: Man darf nicht vergessen, dass Frontex auf Geheiß der Politik agiert. Wenn es also um die Beendigung von ›Mare Nostrum‹ geht und damit die Inkaufnahme von 2000 Toten im Winter

→

2014/15: Das war Frau Malmström, das waren die Innenminister, auch der deutsche, die ›Triton‹ anstelle von ›Mare
Nostrum‹ installiert haben.«

# Grenzfälle

Lampedusa, 5 Uhr 30 morgens. Ein Hubschrauber der italienischen Marine hebt ab. Das Kontrollzentrum hat in internationalen Gewässern ein Flüchtlingsboot gemeldet und Unterstützung angefordert. Der Pilot Marco Giannetta fliegt die Route regelmäßig: »In den letzten Wochen hängt es stark vom Wetter ab, ob Flüchtlingsboote bis hierher kommen. Wenn es regnet und die See rau ist, kommen keine Boote in diesen Teil des Mittelmeers. In den letzten Tagen war es ruhig, dann setzen sie sich wieder in Bewegung.«[1]

Der Hubschrauber fliegt sechs Soldaten zu den Marineschiffen, die etwa 200 Seemeilen östlich von Lampedusa kreuzen. Auf der viel befahrenen Wasserstraße unter ihm sind Frachter und Fischtrawler unterwegs.

Gegen 8 Uhr landet der Hubschrauber auf der *San Marco*, dem größten Schiff des Flottenverbandes. In der Nacht haben die Italiener wieder ein Boot, etwa 150 Seemeilen östlich von Lampedusa, aus Seenot gerettet. 200 Flüchtlinge – darunter auch Familien mit Kindern – haben drei Tage lang auf hoher See ausgehalten, bevor sie entdeckt wurden. Die *San Marco* verfügt über Transportboote, die sie nicht zu Wasser lassen muss, sondern durch das Öffnen einer Klappe an

ihrem doppelrümpfigen Bug »ausspucken« und wieder aufnehmen kann. Die Besatzungsmitglieder stecken in weißen
Overalls und tragen einen Mundschutz, um der Übertra-
gung von ansteckenden Krankheiten vorzubeugen. Zuerst
übernehmen sie die Familien mit kleinen Kindern von dem
maroden hölzernen Kahn und fahren sie so schnell wie möglich zurück zum Mutterschiff. Dann kehren sie zurück und
bergen die meist jungen Männer.

Auf diesem Boot haben alle die Überfahrt überlebt. Keiner
der Flüchtlinge weist lebensbedrohliche Symptome auf. Die
Ärzte und Krankenschwestern auf der *San Marco* verabrei-
chen Medikamente gegen Übelkeit und Erschöpfung und
sorgen vor allem dafür, dass die Mütter mit ihren Kindern
ruhig schlafen können. Einer jungen Frau namens Baraa
steht der Schrecken noch ins Gesicht geschrieben. Sie hält
ihre beiden kleinen schlafenden Kinder auch hier im Bauch
des großen Militärschiffes so fest, als hätte sie Angst, sie
könnten jetzt noch ins Wasser fallen:»Ich hatte solche Sorge
um meine Kinder, sie haben die ganze Zeit geweint und hatten so viel Angst auf dem Boot. Die Wellen waren so hoch,
dass wir die ganze Zeit nass wurden.«[2]

Ahmed und Hassan sind 15 und 12 Jahre alt. Die Jungen
sind mit ihren Eltern und ihrer kleinen Schwester aus Aleppo geflohen. Ihr Vater, erzählen sie, wurde dort verfolgt. Sie
träumen davon, nach Belgien zu gehen:»Dort lebt der Onkel
unserer Mutter mit seiner Familie. Wir wollen wieder zur
Schule gehen und weiter lernen. In Aleppo war es zu gefährlich, wir mussten zu Hause bleiben, die Schule fiel aus.«[3] Die
Flüchtlinge sind inzwischen medizinisch versorgt worden,

haben Nahrung und Getränke zu sich nehmen können. Jetzt sollen sie schnell aufs Festland gebracht werden – nicht nur zu ihrer Sicherheit. Die Schiffe sollen innerhalb weniger Stunden für den nächsten Einsatz bereit sein. Wieder setzen sich die Transportboote in Bewegung, diesmal bringen sie die Flüchtlinge auf die *Vega*, das Patrouillenschiff, das sie nach Augusta auf Sizilien bringen wird.

Der Kapitän der *Vega*, Giovanni Urro, ist seit Wochen im Einsatz: »Im Februar haben wir an einem einzigen Tag über 1100 Flüchtlinge gerettet, unglaublich. Und je wärmer es wird, desto mehr Menschen machen sich auf den Weg. Wir überwachen das Gebiet sowohl von unserer Kommandozentrale auf dem Festland aus als auch von unserem Mutterschiff. Wenn ein Objekt gemeldet wird, das nicht zu identifizieren ist, schicken wir einen Hubschrauber los, der die Lage klärt. Falls es sich um ein Boot in Seenot handelt, greifen wir ein.«[4]

Am nächsten Morgen ankert die *Vega* im Hafen von Augusta. Am Ufer stehen schon Polizisten, Beamte der Einwanderungsbehörde und Angehörige von Hilfsorganisationen bereit, um die 200 Flüchtlinge zu empfangen. In einem kurzen Fußmarsch gehen sie zu einer Gruppe von Zelten. Wasserflaschen und Lebensmittel stehen für die erschöpften Menschen bereit, Sägespäne bedecken den Boden im Innern der Zelte. Einzelne Männer und Familien sollen sich in zwei Gruppen getrennt niederlassen. Hier werden sie noch einmal von Beamten der Einwanderungsbehörde befragt, bevor man sie in Erstaufnahmeeinrichtungen in ganz Sizilien verteilt.

## »Mare Nostrum«

Diese Flüchtlinge sind in Sicherheit, Nutznießer der Operation »Mare Nostrum«. Nachdem im Oktober 2013 binnen weniger Tage zwei Boote vor Lampedusa im Mittelmeer gesunken waren und dabei über 400 Menschen ertranken – eines davon war das Schiff, in dem J. mit seiner Familie saß –, beschloss die italienische Regierung eine Marineoperation, um das Seegebiet zwischen Libyen und Sizilien besser zu kontrollieren und im Notfall auch Flüchtlinge schneller retten zu können – »Mare Nostrum«. »Unser Meer«, so nannten die Römer vor 2000 Jahren das Mittelmeer, um ihren Herrschaftsanspruch zu demonstrieren.

An »Mare Nostrum« waren Soldaten, Schiffe und Flugzeuge aller Waffengattungen beteiligt, außerdem Beamte der Carabinieri, des Zolls, der Polizei und der Küstenwache. Dank der Such- und Rettungsaktion konnten in Seenot geratene Migrantenboote schon nahe der libyschen Küste gerettet werden. Die Flüchtlinge wurden dann in Häfen auf Sizilien oder auf das italienische Festland gebracht.

Das Ausmaß dieser Operation übertraf alle Kalkulationen. Innerhalb eines Jahres wurden über 100 000 Flüchtlinge aus Seenot gerettet. Ein Flottenverband von fünf Schiffen kreuzte vornehmlich in den Gewässern zwischen Lampedusa und Libyen. Trotzdem: Auch wenn viele Schiffsunglücke verhindert werden konnten, starben 2014 erneut viele Flüchtlinge im Mittelmeer bei dem Versuch, nach Europa zu gelangen – laut Schätzungen des UN-Hochkommissariats für Flüchtlinge mindestens 3500 Menschen.[5]

Die neue Regierung unter Ministerpräsident Letta vollzog also auf dem Mittelmeer eine radikale Kehrtwendung. Nicht erst seit dem Abschluss des »Freundschafts-, Kooperations- und Partnerschaftsabkommens« zwischen Italiens früherem Ministerpräsidenten Silvio Berlusconi und dem damaligen libyschen Staatschef Muammar al-Gaddafi am 30. August 2008 war die italienische Flüchtlingspolitik vor allem und in erster Linie eine Politik der Zurückweisung: Die Marine hatte den Befehl, alle Flüchtlingsboote im Mittelmeer abzufangen und sie umgehend zurückzuschicken.[6]

Dieser Wandel zu mehr Menschlichkeit war durchaus nicht im Sinne anderer EU-Staaten, in denen zunehmend Kritik laut wurde. So erklärte Bundesinnenminister Thomas de Maizière: »›Mare Nostrum‹ war als Nothilfe gedacht und hat sich als Brücke nach Europa erwiesen.«[7]

Außerdem kostete die Operation wohl zu viel Geld. Italien war nicht mehr bereit, die monatlich neun Millionen Euro, die die Präsenz auf dem Meer kostete, alleine aufzubringen. Aber in Brüssel stießen die Italiener auf Ablehnung. Dabei schien die Betroffenheit über die Schiffskatastrophen vor Lampedusa wenige Monate zuvor groß. So etwas dürfe nie wieder passieren, gelobten europäische Spitzenpolitiker. Eine Task-Force wurde in Brüssel gebildet, um mit neuen Maßnahmen die Sicherheit an den EU-Außengrenzen zu erhöhen. Cecilia Malmström, damals die EU-Kommissarin für Inneres, zuständig für Sicherheit, Asyl und den Umgang mit Flüchtlingen, gab sich kämpferisch. Sie wollte dafür sorgen, dass nicht mehr so viele Menschen im Mittelmeer sterben müssen.

Wenige Monate später musste sie zugeben, nicht viel erreicht zu haben: »Ich kann das nicht alleine. Ich reise durch die EU, um mit Ministern zu sprechen, ich klage an und bitte um Aufnahme der Flüchtlinge. Es gibt einige Erfolge. Aber sie sind sehr bescheiden. Letztlich sind es die Mitgliedsstaaten, die entscheiden, wen sie aufnehmen. Das ist ein schwieriger Prozess. Einige Länder sind zwar bereit, mehr Flüchtlinge aufzunehmen. Insgesamt sind es aber viel zu wenig. Es gibt stattdessen eine wachsende Tendenz zu repressiven Maßnahmen. Das bedauere ich sehr. Aber das ist die politische Realität heute.«[8]

Auch Cecilia Malmström gelang es nicht, die übrigen EU-Staaten zu einer Unterstützung von »Mare Nostrum« zu bewegen. Stattdessen die Kehrtwende: Im August 2014 verkündeten Cecilia Malmström in einer ihrer letzten Amtshandlungen und Angelino Alfano, italienischer Innenminister, »Mare Nostrum« durch eine Frontex-Operation zu ersetzen – die später so genannte Operation »Triton«. Der Malmström-Alfano-Plan sah vor, die Rettungsaktion auf einen küstennahen Bereich zu beschränken. So sollten auch die Kosten auf drei Millionen Euro monatlich gedrückt werden. Aus dem Projekt, Flüchtlingen im Mittelmeer mehr Sicherheit zu garantieren, war wieder ein Abschreckungsprogramm geworden.

Der deutsche Innenminister Thomas de Maizière wollte bei der Nachfolgeoperation vor allem die »Rückführung von Flüchtlingen« sichergestellt wissen: »Wir müssen die Umsetzung unserer gemeinsamen Rückführungspolitik [...] innerhalb der EU mit den Drittstaaten verbessern. Eine solche

Arbeit der Identitätsermittlung würde, zusammen mit der Rückkehrpolitik, auch ein integraler Bestandteil der Operation ›Frontex plus‹[9] sein.«[10]

Die Rettung von Menschenleben scheint allen Flüchtlingstragödien zum Trotz also nicht ganz oben auf der Liste des deutschen Bundesinnenministers zu stehen. Und auch die Mehrzahl der zuständigen EU-Politiker sah das wohl ähnlich. 108 Millionen Euro für 100 000 gerettete Menschen – das rechnet sich anscheinend nicht.

Ende Oktober 2014 stellte Italien »Mare Nostrum« ein. Der Wandel der italienischen Politik war offenbar das Ergebnis einer neuen, umfassenden europäischen Übereinkunft zwischen den EU-Mitgliedsstaaten. Der schwelende Konflikt zwischen Rom und Brüssel wurde beigelegt. Italien stellte seine Seenotrettungsoperation ein und erklärte sich zur Identifizierung aller eintreffenden Flüchtlinge bereit, während Frontex eine reine Überwachungsoperation im Mittelmeer startete. Das stellte offenbar alle Seiten zufrieden – bis auf die Asylsuchenden, von denen wieder Tausende ertrinken werden.[11]

## »Triton«

Stattdessen wurde im Mittelmeer – unter Leitung der europäischen Grenzschutzagentur Frontex – die EU-Mission »Triton« gestartet. Bei diesem Einsatz, an dem sich 22 EU-Staaten beteiligen, geht es vor allem um die Kontrolle der Grenzen und den Kampf gegen Schlepperbanden. Das monatliche »Triton«-Budget betrug zunächst mit knapp drei Millionen Euro nur ein Drittel der Kosten der Vorgängeroption. Das kommt einer Rückbesinnung auf alte Untugenden gleich: Man will Migranten, Flüchtlingen und Asylsuchenden die Einwanderung so schwer wie irgend möglich machen.

Die Grenzschutzagentur Frontex, die sich sonst immer darauf beruft, nur ausführendes Organ der Politik der EU-Kommission zu sein, nahm eine klare Position ein. Ihr stellvertretender Chef Gil Arías Fernández stellte klar: »Frontex ist für die Überwachung der Grenzen zuständig und hat nicht den Auftrag, Flüchtlinge zu retten. Das bedeutet nicht, dass wir Flüchtlinge, die in Seenot geraten, nicht retten. Faktisch machen wir das natürlich sehr oft. Doch anders als die Flotte von ›Mare Nostrum‹ fahren wir nicht raus, um gezielt nach Flüchtlingsbooten zu suchen.«[12]

Der Chef von Frontex, Fabrice Leggeri, legt nach: »›Triton‹ kann keine ›Search-and-Rescue-Operation‹ sein. Unsere operative Planung sieht keine Maßnahmen für proaktive Such- und Rettungsaktionen vor. Das gehört nicht zum Mandat von Frontex, und in meinem Verständnis ist das auch nicht die Aufgabe der Europäischen Union.«[13] Leggeri sieht einzig im Rückzug auf Grenzsicherungsmaßnahmen den richtigen Weg, die Flüchtlingswelle zu stoppen: »Die Ausweitung von ›Search-and-Rescue-Operationen‹ würde einzig und allein verzweifelte Migranten ermutigen, die gefährliche Überfahrt zu riskieren.« Frontex benötige vielmehr zusätzliches Material und weitere Beamte, damit die Agentur für ihre eigentliche Aufgabe der Grenzsicherung gut gerüstet sei.

Besonders wichtig seien zusätzliche Flugzeuge, die frühzeitig Bootsbewegungen an der Küste erkennen und dann die zuständigen Küstenwachen benachrichtigen könnten: »Wir sollten das Geschäft von Schmugglern nicht weiter unterstützen. Denn bisher war es doch so: Wenn die Schlepper wussten, dass europäische Boote sehr nah an der libyschen Küste patrouillierten, haben sie damit bei potenziellen illegalen Migranten geworben: ›Ihr werdet die europäische Küste sicher erreichen. Es ist sehr einfach, europäische Boote patrouillieren nicht weit von der libyschen Küste, also lasst uns raus auf das Meer gehen, und ihr werdet die europäischen Boote sehr bald sehen.‹«[14]

»Triton«-Patrouillen sicherten die 30-Meilen-Zone vor den italienischen Küsten, das gesamte Gebiet zwischen den libyschen und den italienischen Hoheitsgewässern fiel nicht mehr – anders als bei »Mare Nostrum« – ins Operationsgebiet. Die 70 000 Quadratkilometer der Straße von Sizilien, die internationalen Gewässer zwischen Libyen und Italien wurden wieder zum Niemandsland.

Und genau in dieser Hochrisikozone ereignete sich wie so viele Male zuvor wieder eine Flüchtlingstragödie. Am 15. April 2015 starben über 400 Flüchtlinge vor der Küste Libyens. Auf dem Boot, das zwei Tage zuvor nahe der Stadt Zuwara in See gestochen war, hatten sich nach Angaben von Überlebenden insgesamt etwa 550 Menschen befunden. Den Geretteten zufolge konnten die meisten Flüchtlinge, unter ihnen viele Kinder und Jugendliche, nicht schwimmen. Die Küstenwache Italiens nahm 144 Überlebende auf, neun Leichen wurden geborgen. Die Übrigen blieben verschwunden.[15]

Der Direktor des UN-Flüchtlingswerks UNHCR, Antonio Guterres, war empört: »Ich war zutiefst schockiert, als ich hörte, dass ein weiteres überfülltes Flüchtlingsboot im Mittelmeer gekentert ist. Dies zeigt erneut, dass ein funktionierendes Rettungsprogramm im Mittelmeer von enormer Bedeutung ist. Leider wurde ›Mare Nostrum‹ nie durch ein gleichwertiges Rettungsprogramm ersetzt.«[16]

Nur drei Tage später, am 18. April, erreichte wieder ein Notruf die italienische Rettungsleitstelle. Ein 30 Meter langer Schiffskutter mit mindestens 700 Menschen an Bord meldete Manövrierprobleme. Auch dieses Schiff war in Libyen in See gestochen und auf dem Weg nach Lampedusa in Seenot geraten. In einer ersten Reaktion forderte die italienische Küstenwache ein Handelsschiff zur Rettung der Schiffbrüchigen auf. Aber als das Schiff die angegebenen Koordinaten erreichte, war der Kutter schon gesunken. Italien setzte Schiffe der Küstenwache und der Marine in Bewegung und forderte alle in der Nähe befindlichen Handelsschiffe und Fischkutter zur Beteiligung an der Rettungsaktion auf. Auch aus Malta liefen Boote aus. Aber nur 28 Menschen konnten aus dem Wasser gerettet, 24 Opfer tot geborgen werden. 700 Menschen bleiben verschollen. Es war das schwerste Flüchtlingsunglück, das sich jemals im Mittelmeer ereignete.[17]

Jetzt war es der UN-Hochkommissar für Menschenrechte, Said Raad al-Hussein, der die Europäer anklagte. Die Hunderten von Toten seien das Ergebnis eines anhaltenden Politikversagens und eines »monumentalen Mangels an Mitgefühl«. Statt nach sinnlosen strengeren Abschottungsmaßnahmen zu rufen, müsse die EU endlich legale Fluchtwege und mehr Rettungskapazitäten für das Mittelmeer bereitstellen, so der Hochkommissar.[18]

Wie im Oktober 2013 zwang erst die öffentliche Empörung über diese beiden Katastrophen die EU-Politiker, von ihrer Strategie der Grenzüberwachung wenigstens rhetorisch abzurücken. Die Staatschefs beschlossen einen Zehn-Punkte-Plan zur »Verhütung weiterer Lebensverluste auf See«, der eine Verdreifachung des bisher geplanten »Triton«-Budgets auf neun Millionen Euro monatlich beinhaltete. Und damit exakt das Budget umfasste, das der EU wenige Monate zuvor bei »Mare Nostrum« zu teuer war. Einige Mitgliedsstaaten sagten die Entsendung von Schiffen, Hubschraubern und Flugzeugen zu. Die entscheidende Frage aber blieb offen: Wo würden diese zusätzlichen Einheiten mit ihren Besatzungen eingesetzt werden? Denn bis dahin war das »Triton«-Mandat auf die unmittelbaren italienischen Küstengewässer beschränkt – weit entfernt vom Ort der Unglücke. Inzwischen hat die EU-Kommission beschlossen, das Operationsgebiet auf 138 Seemeilen südlich von Sizilien auszuweiten.

## Khartoum-Prozess

Ein weiterer Punkt auf der Agenda der EU: Staaten wie Sudan oder Eritrea sollen Geld bekommen, um Flüchtlinge schon tief in Afrika von einer Flucht abzuhalten. Im November 2014 trafen sich in Rom Vertreter von 58 europäischen und afrikanischen Staaten, um Maßnahmen zur Abwehr von Flüchtlingen vom Horn von Afrika zu vereinbaren – der sogenannte »Khartoum-Prozess«.[19] Damit wird die Liste der EU-Kooperationspartner zur Flüchtlingsabwehr immer länger und das Vorfeld der Festung Europa noch weiter nach Süden verlegt. Die französische Intervention in Mali im Januar 2013 diente auch dazu, das Land zu stabilisieren, um nicht noch mehr Menschen zu veranlassen, den Weg nach Europa zu suchen. Bis zu 4500 französische Soldaten drängten innerhalb weniger Wochen die Kampfverbände der Al-Qaida-Ableger zurück, die gemeinsam mit einigen Splittergruppen der Tuareg davon geträumt hatten, aus Mali einen islamistischen Staat zu machen.

Seit 2013 unterstützen andere europäische Staaten, darunter auch Deutschland, diesen Stabilisierungsprozess im Rahmen der EUTM, der »European Training Mission«. 300 deutsche Ausbilder und Soldaten trainieren malische Offiziere. Das Ziel: Mali soll nicht zerfallen und zum Spielfeld für Warlords und Islamisten werden.

Kein Staat der Sahelzone soll ein ähnliches Schicksal erleiden wie Somalia. Auch vor dem Hintergrund, dass aus Ostafrika seit Jahren Tausende von Flüchtlingen nach Europa strömen, wie der deutsche Stabschef der EUTM, Oberst Klaus Schirra, im Hauptquartier der Mission in Bamako erklärt: »Sie brauchen sich ja bloß die Flüchtlingsströme anzuschauen, die schon seit Jahren aus dem afrikanischen Raum nach Norden aufbrechen. Irgendwann landen die eben bei uns. Und da ist es natürlich aus einer strategischen Sicht sinnvoll, zu versuchen, die Probleme dort zu lösen, wo sie entstanden sind. Und wir waren ja im Jahr 2012 so weit, dass die terroristischen Gruppen versucht haben, den malischen Staat zu übernehmen.«[20]

Man kann sicher darüber streiten, ob die rein militärische Bekämpfung von Al Qaida in der Sahelzone politisch zielführend ist. Völlig außer Frage steht dagegen, dass es ein politischer Skandal ist, wenn EU-Emissäre mit Vertretern von Diktaturen wie dem Sudan oder Eritrea über eine Bekämpfung der Flüchtlingsströme verhandeln. Bei einem weiteren Treffen im ägyptischen Scharm el-Scheich wurde eine Liste möglicher Projekte erstellt.[21] Die Institutionen der Regierung in Eritrea sollten gestärkt werden, um Menschenschmuggel zu unterbinden. Sudanesische Beamte sollen im »Migrationsmanagement« geschult werden, im Südsudan soll das »Grenzmanagement« verbessert werden. An einer Polizeischule in Kairo sollen entsprechende Trainings- und Schulungseinheiten abgehalten werden – mit Hilfe, sprich, finanziert, von Fonds der EU. Federführend bei diesen Maßnahmen sollen Italien und Deutschland sein. Italienische Beamte sollen im Niger aktiv werden, um Flüchtlinge auf den Transitrouten nach Libyen von einer Weiterreise nach Norden abzuhalten.[22]

Dabei nehmen die EU-Politiker achselzuckend in Kauf, dass sie mit den Regimen paktieren, vor denen Tausende Menschen fliehen, weil sie im Sudan, dem Südsudan oder Eritrea an Leib und Leben bedroht sind. Den sudanesischen Präsidenten Omar al-Baschir sucht der Internationale Strafgerichtshof wegen Völkermordes an der eigenen Bevölkerung.[23] Kritik an diesem Vorgehen, wie etwa von *Amnesty*

*International* geäußert, wischt der für Migration zuständige Kommissar, Dimitris Avramopoulos, mit einer bizarren Begründung beiseite: Diktaturen seien die Wurzeln des Problems,»deshalb müssen wir uns auf sie einlassen und sie vor ihre Verantwortung stellen«.[24] Der einzige Trost: Bisher ist noch keines der angedachten Projekte des Khartoum-Prozesses realisiert worden.

## Militärische Lösung

Der umstrittenste Punkt an den Plänen der EU aber betrifft den Umgang mit Booten, die von Schleppern für die Fahrt über das Mittelmeer benutzt werden. Die EU-Kommission schlägt »systematische Anstrengungen« vor, um diese Boote zu beschlagnahmen und zu zerstören. Vorbild sei die militärische Anti-Piraterie-Mission ATALANTA am Horn von Afrika, sagte der zuständige EU-Kommissar Dimitris Avramopoulos. ATALANTA begleitet nicht nur zivile Schiffe, sondern zerstörte mehrfach auch Piratenlager. Laut Avramopoulos ist dabei eine »zivil-militärische Operation« vorgesehen. Italiens Ministerpräsident Matteo Renzi will womöglich noch einen Schritt weiter gehen.»Attacken gegen die Banden des Todes, Attacken gegen Menschenschmuggler gehören zu den Überlegungen«, sagte Renzi. Es gehe nicht um einen breiten»Militäreinsatz«, sondern um eine »gezielte Intervention«.[25]

Die EU-Außenbeauftragte Federica Mogherini entwickelte aus diesen Überlegungen ein Konzept, das einen Militäreinsatz in libyschen Hoheitsgewässern und auf libyschem Festland vorsah. Aber sowohl die UN als auch die libysche Regierung lehnten diese Pläne zunächst ab.

Im Mai 2015 verabschiedete der Europäische Rat dann eine reduzierte Version dieser militärischen Gedankenspiele. Zur »Bekämpfung von Menschenschmuggel- und Menschenhandelsnetzwerken im Mittelmeer« wurde EUNAVFOR MED (European Union Naval Force – Mediterranean) ins Leben gerufen, eine dreistufige Operation. Zunächst geht es um Aufklärung, konkret um das Aufdecken von Schleppernetzwerken im südlichen zentralen Mittelmeer. In den Stufen zwei und drei sollen dann gezielt militärische Einheiten der EU Boote von Schleppern beschlagnahmen und zerstören. Die Leitstelle der Operation EUNAVFOR MED befindet sich in Rom, von dort aus werden die Schiffe, Drohnen, Einsatzkräfte und andere Teilnehmer koordiniert. Deutschland beteiligt sich mit zwei Schiffen sowie mit Personal in der Organisationsabteilung. Die EU stellt knapp 12 Millionen Euro für die ersten zwölf Monate zur Verfügung.

Die Reaktionen der Kritiker ließen an Deutlichkeit nichts zu wünschen übrig: »Der Beschluss ist ein weiteres Aussitzen der humanitären Katastrophe und wird in den nächsten Monaten viele weitere Menschenleben kosten«, sagte Selmin Çalkan, die Generalsekretärin von *Amnesty International* in Deutschland. »Der Fokus bleibt darauf gerichtet, die Grenzen zu schützen, statt jene zu retten, die beim Versuch, diese Grenzen zu erreichen, sterben«, sagte *Human Rights*

*Watch*-Direktor Kenneth Roth. »Menschenleben zu retten hat für die EU keine Priorität«, befand Aurélie Ponthieu von *Ärzte ohne Grenzen*.[26]

Auch das EU-Parlament sprach sich gegen militärische Lösungen aus: In einer Resolution forderten die Parlamentarier eine grundlegend andere Flüchtlings- und Migrationspolitik. Flüchtlingen müssten sichere und legale Zugangsmöglichkeiten nach Europa geschaffen werden, etwa humanitäre Visa. Die EU müsse sich auch stärker am Resettlement-Programm der UNHCR beteiligen. Darunter versteht man die dauerhafte Neuansiedlung besonders verletzlicher Flüchtlinge in einem zur Aufnahme bereiten Drittstaat, der ihnen vollen Flüchtlingsschutz gewährt und die Möglichkeit bietet, sich im Land zu integrieren. Derzeit stellen die EU-Mitgliedsstaaten nur ein Zehntel der vom UNHCR benötigten Plätze bereit. Deutschland ist mit 36 000 Plätzen, die Bund und Länder bereitstellen, eine rühmliche Ausnahme. 13 Mitgliedsstaaten nehmen derzeit überhaupt keine Flüchtlinge über das Resettlement-Programm auf. Die Abgeordneten sprachen sich zudem für verbindliche Quoten für eine gerechte Verteilung von Asylsuchenden unter den EU-Staaten aus.[27]

## »Eurosur«

Also noch mehr Abschreckung. In dieses Konzept passt »Eurosur«. Im Dezember 2013 ins Leben gerufen, soll das neue europäische Überwachungssystem die Bekämpfung irregulärer Einwanderung unterstützen. Mindestens 244 Millionen Euro lässt sich die EU »Eurosur« kosten. Unter der Leitung von Frontex werden weitere Satelliten und neue Hightech-Geräte wie Drohnen zur Überwachung der Grenzen genutzt. Damit soll auch die Zusammenarbeit zwischen den einzelnen EU-Mitgliedsstaaten verbessert werden.

Das Konzept: Jeder Mitgliedsstaat stellt ein sogenanntes »National Coordination Centre« (NCC) zur Verfügung, in dem Daten über Flüchtlingsbewegungen gesammelt werden. Diese werden von Frontex aufbereitet, um sie im Gegenzug wieder den Mitgliedsstaaten zur Verfügung zu stellen. In Gebieten, die als besonders gefährdet eingestuft werden, erhält der jeweilige Staat dann Unterstützung von Frontex, um dort eine besonders dichte Überwachung zu garantieren.[28]

Eines dieser NCC ist in Rom angesiedelt. Wie in Warschau und in Madrid wird das gesamte technische Arsenal aus Satelliten, an der Küste installierten Kameras und Informationen aus Überwachungsflügen genutzt, um die Situation an den Küsten Italiens und im Seegebiet in der Straße von Sizilien zu beobachten. Vertreter von Marine und Luftwaffe, Küstenwache und Finanzpolizei werten die Daten aus, die aus den verschiedenen Informationsquellen nach Rom übermittelt werden. »Eurosur« ist hier einstweilen noch Zukunftsmusik. Nur ein einzelner Computerarbeitsplatz steht bisher im NCC für das Projekt bereit.

Die Leiterin des Programms, Rosamaria Preteroti von der italienischen Staatspolizei, sieht die neuen Möglichkeiten: »Durch ›Eurosur‹ wird die Prävention und die Abwehr von illegalen Einwanderungen und die Bekämpfung von internationaler Kriminalität erleichtert. Die technischen Möglichkeiten und die verstärkte Kooperation werden sicher gute Ergebnisse bringen.«[29]

Schon heute scheinen die Kosten für das Hightech-Überwachungssystem deutlich zu niedrig angesetzt. Kritiker gehen von dem Dreifachen des ursprünglich kalkulierten Betrags aus – etwa 874 Millionen Euro. Für Abschreckung hat die EU immer Geld.[30]

# Asyl! Asyl?

Trotz aller Abschottungsmaßnahmen der EU gelingt es vielen Flüchtlingen, nach Europa zu kommen. Sie haben Wochen, wenn nicht Monate der Flucht hinter sich, Schleppern nicht selten ihre gesamten Ersparnisse ausgehändigt, um endlich in Sicherheit zu sein. Und dann?

Die Frage, wo Asylbegehren bearbeitet werden, wird in der EU im Dubliner Übereinkommen geregelt.[1] Der Grundgedanke des Vertrags besagt, dass der Asylsuchende in dem Land, in dem er zum ersten Mal europäischen Boden betritt, seinen Antrag stellt und dort auch bleiben muss, solange sein Asylverfahren läuft. Verletzt der Asylsuchende diese Regel und reist in ein anderes Land der EU weiter, droht ihm die Abschiebung in das Ankunftsland, also meist Italien, Griechenland und Bulgarien oder auch Spanien und Malta. Die eigentlichen Zielländer Österreich, Deutschland, Frankreich oder die Beneluxstaaten sind somit für Asylsuchende praktisch nur dann erreichbar, wenn es ihnen gelingt, die Registrierung im Ankunftsland zu umgehen. Die zentralen EU-Staaten haben mit der Dublin-Verordnung faktisch eine Art Kordon geschaffen, der es ihnen ermöglicht, sich vieler Flüchtlinge wieder zu entledigen. Jeder fünfte in Deutschland gestellte Asylantrag wurde 2014 deshalb abgelehnt, weil der Antragsteller schon in einem anderen EU-Land registriert war.

**Relation der Dublin-Verfahren zur Gesamtzahl der Asylverfahren in Deutschland von 2005 bis 2014**

| Jahr | Asylanträge in Deutschland | Von Deutschland gestellte Ersuchen | Prozentualer Anteil |
|------|----------------------------|------------------------------------|---------------------|
| 2005 | 28.914 | 5.527 | 19,1 % |
| 2006 | 21.029 | 4.996 | 23,8 % |
| 2007 | 19.164 | 5.390 | 28,1 % |
| 2008 | 22.085 | 6.363 | 28,8 % |
| 2009 | 27.649 | 9.129 | 33,0 % |
| 2010 | 41.332 | 9.432 | 22,8 % |
| 2011 | 45.741 | 9.075 | 19,8 % |
| 2012 | 64.539 | 11.469 | 17,8 % |
| 2013 | 109.580 | 35.280 | 32,2 % |
| 2014 | 173.072 | 35.115 | 20,3 % |

(Quelle: BAMF: Das Bundesamt in Zahlen 2014)

Dabei wandern Flüchtlinge nicht ohne Not innerhalb der EU von einem Land zum anderen. Die Lebensbedingungen in den klassischen Ankunftsländern sind für sie äußerst schwierig und manchmal lebensbedrohlich. In Griechenland und Bulgarien etwa kann man kaum von einem funktionierenden Asylsystem sprechen. Unterbringung, Gesundheitsversorgung oder Arbeitsperspektiven sind katastrophal. Gleiches gilt mit Abstrichen für Italien.

# Griechenland

Ein heißer Tag im August. Der griechisch-türkische Grenzfluss Evros fließt graubraun träge nach Süden. Es ist verboten, an der Straße zu halten, die parallel zum Fluss verläuft, oder gar zu fotografieren – es sollen möglichst keine Bilder aus dem Grenzgebiet nach draußen dringen.

Bis in den Sommer 2012 hinein war der Evros eines der zentralen Einfallstore für Flüchtlinge nach Europa. Die grüne Grenze zwischen der Türkei und Griechenland erstreckt sich hier über 200 Kilometer und war leicht zu überwinden.

Dann, im Juli 2012, bauten die Griechen einen Zaun und stationierten 1800 zusätzliche Polizisten. Darüber hinaus schickte die europäische Grenzschutzagentur Frontex Polizisten aus mehreren europäischen Ländern, deren Einsatzfahrzeuge zum Teil mit Nachtsichtgeräten ausgestattet waren. Zeitweise waren 80 Beamte aus 20 Nationen vor Ort. Ein Hubschrauber patrouillierte zusätzlich über dem Grenzgebiet.

Georgios Salamangas, als Polizeichef im Grenzort Orestiada verantwortlich für die Situation an der Grenze, konnte schnell Erfolge vorweisen. Schon im August sank die Zahl der irregulären Grenzübertritte um die Hälfte. Mit Hilfe der Frontex-Wärmebildkameras konnten die Beamten die Flüchtlinge bereits orten, wenn sie noch kilometerweit von der Grenze entfernt waren. Stolz zeigte Salamangas Besuchern die Videos von Zugriffen: »Schauen Sie, hier sehen wir eine große Gruppe Immigranten. Sie sind noch auf der türkischen Seite und laufen zum Evros.«

Die Gruppe umfasst an die 100 Menschen. Auf dem Video ist zu sehen, wie einige Flüchtlinge ein Boot besteigen und von einem Mann, der der Schlepper sein muss, bis in die Mitte des Flusses gebracht werden. Als sie ausgestiegen sind und in Richtung des griechischen Flussufers waten, rast ein Schlauchboot der griechischen Grenzpolizei heran und überwältigt den Schlepper. »Das ist unsere Eingreiftruppe. Sie wird den Schlepper den türkischen Behörden übergeben, wenn wir die Personalien festgehalten haben.« Georgios Salamangas lobt besonders die Zusammenarbeit mit Frontex: »Die Agentur schickt uns nicht nur Material, über das wir selbst nicht verfügen – Einsatzfahrzeuge mit Wärmebildkameras und Hubschrauber –, sondern auch erfahrene Beamte. Das hilft uns sehr.«[2]

Die Flüchtlinge, die von den Grenztruppen aufgegriffen werden, kommen zunächst in eines der Internierungslager, die entlang der Grenze am Evros eingerichtet wurden. Hier bringen die griechischen Behörden all jene Menschen unter, die ohne gültige Papiere angetroffen werden. Das können nicht nur Flüchtlinge aus der Grenzregion sein, sondern auch solche aus Athen oder Thessaloniki, die schon jahrelang im Land leben. Vielleicht ist ihre Aufenthaltserlaubnis abgelaufen, vielleicht hatten sie ihre Papiere nicht dabei, als sie von einer Polizeistreife kontrolliert wurden. Als Illegale ohne Papiere können die Menschen in den Internierungslagern Griechenlands bis zu 18 Monate festgehalten werden.[3] Nur selten erteilen griechische Behörden die Erlaubnis, eines dieser Lager zu besuchen. Etwa für Delegationen von Politikern. Einmal durften sich auch *Human Rights Watch* und

*Pro Asyl* einen Eindruck von den Lebensbedingungen der Internierten verschaffen. Dabei sind diese Lager zu wesentlichen Teilen von der EU finanziert worden. Die europäischen Steuerzahler hätten doch ein Recht darauf, zu erfahren, was mit ihren Geldern geschieht. Immerhin: Mit den Berichten von Anwälten, die Zutritt zu den Flüchtlingen in den Lagern haben, und den Schilderungen von ehemals Internierten gelingt es dennoch, ein Bild von der Situation in den Lagern zu bekommen.

In Internierungslagern wie Fylakio – 25 Kilometer von der Grenzstadt Edirne entfernt – wird über das weitere Schicksal der Flüchtlinge in Griechenland entschieden. Das Lager ist von Stacheldraht umzäunt. Zwei Männer fegen den Hof. Sobald die Internierten merken, dass Fremde am Zaun stehen, kommen sie an die vergitterten Fenster und beginnen zu rufen: »Freedom, justice!« Sie halten Plakate, auf denen steht: »We are not animals, we are not criminals, we are in terrible conditions.«

Die Rechtsanwältin Aliki Keravia besucht die Häftlinge einmal pro Woche. Ihre erste Aufgabe, wenn sie einen neuen Mandanten bekommt: Sie muss die Nationalität der Neuankömmlinge herausfinden und die Haftbedingungen dokumentieren. Aliki Karavia ist eine zierliche, rotblonde Frau Anfang dreißig und voller Enthusiasmus. Sie arbeitet im Auftrag des *Greek Council for Refugees*, einer Nichtregierungsorganisation, die von der EU finanziert wird. Die Verständigung mit ihren Mandanten ist für Keravia meistens schwierig – die Internierten sprechen oft kein Englisch, und es stehen nur selten Dolmetscher zur Verfügung.

Die Belegung des Internierungslagers schwankt, mal sind es 300, mal 400 – ausgelegt ist es für etwa 200 Personen. Die Bedingungen in Fylakio und den anderen Internierungslagern werden nach Einschätzung der Anwältin immer schwieriger: »Oft sind bis zu 40 Personen in einem Raum untergebracht. Aber ich habe auch schon erlebt, dass es an die 100 Menschen waren. Sie kommen von überall her: Afghanistan, Somalia, Irak, Iran, Nigeria usw. Und man kann einfach nicht wissen, wie lange man dort bleiben muss. Das können ein paar Wochen sein, aber auch mehr als ein Jahr.«[4]

Aliki Keravia kritisiert, dass die Internierten viel zu wenige Ansprechpartner hätten, es fehlten Anwälte, Dolmetscher, Ärzte – und nur einer der wenigen Ärzte spräche Arabisch. Dabei kämen inzwischen viele der Internierten aus Syrien. Vor einigen Monaten habe es noch einen täglichen Hofgang von zehn bis 15 Minuten pro Häftling gegeben, davon sei heute keine Rede mehr. Die Qualität des Essens sei oft miserabel, genauso wie die hygienischen Bedingungen: »Die Internierten bekommen keine Reinigungsmittel ausgehändigt, weil die Behörden Angst haben, die Internierten könnten sich damit vergiften. Außerdem kommt es häufig vor, dass Handtücher nicht gewaschen werden, sondern von Person zu Person weitergereicht werden, und es gibt oft kein heißes Wasser.« In den überfüllten Zellen herrsche meist ein übler Gestank, zudem reichten die Betten nicht aus, und die Menschen müssten auf dem Boden übernachten. Mit anderen Worten: »Das Leben dort ist einfach schlecht, richtig schlecht.«[5]

Am Eingangstor des Lagers stehen ein Mann und eine

Frau, mit Plastiktüten in der Hand. Seit Stunden warten sie und schauen zu den vergitterten Fenstern hinüber. Manchmal rufen sie etwas, dann antwortet eine helle Stimme. Die Hitze wird allmählich unerträglich. Die Frau beginnt zu weinen: »Meine beiden Töchter sind dort drin. Ihr Vater wollte sie zwangsverheiraten, und da sind sie geflohen. Bis nach Griechenland haben sie es geschafft.« Die Frau ist Irakerin, lebt seit Jahren in Deutschland und besitzt die deutsche Staatsbürgerschaft. Als sie sich von ihrem Mann trennte, nahm der die beiden Töchter mit zurück in den Irak. Jetzt sind die beiden jungen Frauen, 22 und 23 Jahre alt, mit Hilfe von Schleusern über die Grenze der Türkei nach Griechenland gekommen.

Ihre Mutter macht sich große Sorgen: »Es geht ihnen sehr schlecht. Meine jüngere Tochter isst fast nichts, sie hat sehr abgenommen. Die Ältere hat rheumatische Beschwerden. Sie kann sich nicht mit kaltem Wasser waschen, aber es gibt nur kaltes Wasser da drin. Das Essen ist wirklich sehr schlecht, sagen sie mir.«

Vor einer Woche haben ihre Töchter sie in Deutschland telefonisch erreicht und berichtet, dass sie in Fylakio festgehalten werden. Mit Hilfe eines Rechtsanwalts, den sie vor Ort engagiert haben, hofft die Mutter, die beiden jungen Frauen so schnell wie möglich herauszubekommen. Sie ist mit ihrem Lebensgefährten von Köln an die griechische Grenze geflogen, um ihren Töchtern nahe zu sein. Aber sie ist nur bis an das Lagertor gekommen. Die Wachen lassen sie ihren Kindern nicht einmal die Lebensmittel, die sie mitgebracht hat, geben.

Die Mutter kämpft immer wieder mit den Tränen: »Warum sind sie hier eingesperrt? Sie haben doch niemandem etwas getan. Sie wollen Asyl beantragen.« Der Lebensgefährte der Mutter ist fassungslos: »Sie haben doch niemanden umgebracht. Das hätte ich nie für möglich gehalten, hier in Griechenland. Das ist doch ein europäisches Land, das ist Europa, das muss doch genauso wie in Deutschland sein.«[6]

Aber Europa ist nicht gleich Europa. Die Situation in den Internierungslagern wird auch in Brüssel seit Jahren kritisch verfolgt. Schon 2011 hatte eine Delegation der EU-Kommission die Lager an der Grenze besucht. Die Bilanz fiel, wie Michele Cercone, Sprecher der Delegation, zugeben musste, katastrophal aus: »Die Bedingungen dort sind sehr schlecht. Aber uns wurde von den griechischen Behörden zugesagt, dass zumindest eines der Lager bald geschlossen und die anderen renoviert würden, um die hygienischen Bedingungen zu verbessern.« Cercone nimmt die Griechen dennoch in Schutz. Sie hätten unter schwierigsten wirtschaftlichen Bedingungen einen großen Ansturm von Flüchtlingen zu verkraften. Trotzdem mahnt er: »Auch für sie gelten Verpflichtungen. Sie müssen internationale Abkommen und Vereinbarungen wie etwa die Genfer Konvention respektieren. Es gibt EU-Gesetzgebungen bezüglich Grenzkontrollen, Migration, Internierungsbedingungen und Asyl, die auch die Griechen beachten müssen. Wir handeln auf zwei Ebenen: Wir drängen sie einerseits dazu, ihre Verpflichtungen zu erfüllen, und andererseits unterstützen wir sie finanziell und materiell.«[7]

45 Tage, über sechs Wochen, wird es dauern, bis es der

Irakerin mit Hilfe des griechischen Anwalts gelingt, ihre beiden Töchter aus Fylakio herauszuholen. Jetzt leben sie bei ihrer Mutter in Köln. Die Ausländerbehörde hat ihnen zugesichert, dass sie sechs Monate in Deutschland bleiben dürfen. Unter Zusicherung ihrer Anonymität sind sie bereit, ein Interview zu geben. Sie haben immer noch Angst vor der Rache ihres Vaters, der im nordirakischen Mossul lebt: »Wir mussten fliehen, weil unser Vater – ein strenggläubiger Moslem – uns mit zwei alten Männern verheiraten wollte, die fast 60 Jahre alt waren. Wir mussten Kopftuch tragen und durften mit niemandem sprechen. Uns war nur erlaubt, zur Universität zum Unterricht zu gehen. Anschließend mussten wir sofort wieder nach Hause zurückkommen. Wir durften keine Freundinnen treffen, er hat uns total überwacht. So konnten wir nicht mehr weiterleben.

Deshalb sind wir geflohen, sobald wir die Gelegenheit dazu hatten. Ein Freund von der Universität hat uns geholfen. Wir sind nach Istanbul geflogen und dann weiter an die Grenze. Dort haben wir in einem Keller gewartet, bis alle Flüchtlinge in einer Gruppe zusammen waren, so 14 oder 15 Leute. Wir sind stundenlang durch Wälder und über Felder gelaufen. Es waren auch Familien mit kleinen Kindern dabei, die mussten sie die ganze Zeit tragen. In einem kleinen Schlauchboot sind wir dann über den Evros gefahren worden.«

Kaum haben die Flüchtlinge griechischen Boden betreten, werden sie von einer Streife festgenommen und in eine Polizeistation gebracht. Dort müssen sie in einem vor Schmutz starrenden Raum warten: »Alles war voller Insekten, wir mussten auf dem Boden schlafen und wurden gebissen.

Unsere Kleider waren noch nass von der Überfahrt, wir zitterten vor Kälte. Wir haben weder zu essen noch zu trinken bekommen. Uns wurde gesagt, wir sollen doch aus der Toilette trinken. Wir haben sie gebeten, uns doch eine Flasche Wasser zu verkaufen, aber sie haben überhaupt nicht reagiert.«

Die Polizisten kümmern sich nicht um den körperlichen Zustand der Flüchtlinge. Sie nehmen ihnen lediglich Fingerabdrücke ab und beginnen, die Erwachsenen unter ihnen zu verhören: Wie sind sie über den Evros gekommen, wer waren die Schlepper? Nach 36 Stunden bringen die Beamten die Flüchtlinge dann nach Fylakio. Bei ihrer Ankunft werden sie noch einmal penibel durchsucht: »Sie haben uns alles weggenommen, sogar die Schnürsenkel. Als wir dort reingingen, haben wir gesehen, dass vielleicht 40 oder 50 Frauen in einem Raum untergebracht waren und mehrere Hundert Männer in fünf Räumen. Ich habe mir mit meiner Schwester eine Matratze geteilt. Einige Frauen haben auf dem Boden geschlafen. Eine Frau lag mit ihrem fünfjährigen Sohn direkt vor der Toilette. Später haben wir gesehen, dass sie immer das Wasser aus der Toilette trank. In einem kleinen Nebenraum, in dem vier Betten aufgestellt waren, haben 25 Frauen geschlafen. So etwas habe ich noch nie in meinem Leben gesehen.«

Trotz der Enge ist es schwer, sich untereinander zu verständigen – nur wenige Frauen sprechen Englisch. Einige haben durch die katastrophalen Zustände in den Zellen offensichtlich psychische Probleme, sie kommunizieren mit niemandem mehr, schließen sich von den anderen ab.

Einige leben schon seit fünf Monaten in Fylakio, erzählen die jungen Frauen: »Der Tagesablauf war immer gleich. Morgens gegen 8 Uhr schlugen die Wärter mit Stöcken gegen die Türen, damit wir aufwachen. Eine Stunde später gab es ein kleines Brötchen mit einem ganz bitteren Saft, den wir nicht trinken konnten. So blieb uns nur das Brötchen – bis gegen drei, dann gab es wieder ein Brötchen. Die Frauen, die schon lange dort waren, hatten alle einen harten Bauch und mussten sich oft übergeben.«

Nicht einmal ein täglicher Hofgang ist den Internierten gestattet, um einmal am Tag ein paar Minuten an der frischen Luft zu verbringen. So müssen sie stumpf den ganzen Tag in den Zellen verbringen. Die beiden jungen Frauen befinden sich in einer Art permanentem Schockzustand, sie weinen jeden Tag: »Am schlimmsten waren die Polizisten. Ich habe mit meinen eigenen Augen gesehen, wie sie einen Jungen von vielleicht 15 Jahren geschlagen haben, bis er am Kopf und am ganzen Körper geblutet hat. Ich glaube, er wollte seine Familie anrufen, und man durfte nur ein Mal in der Woche fünf Minuten telefonieren. Aber er wollte unbedingt noch einmal telefonieren. Da haben fünf oder sechs große Polizisten diesen kleinen, schmächtigen Jungen getreten und geschlagen. Wir haben die ganze Zeit gegen die Tür getreten und geschrien, lasst ihn in Ruhe. Aber wir waren in unserer Zelle eingeschlossen, wir konnten ihm nicht helfen.«

Die beiden Frauen haben einen Vorteil gegenüber vielen der Mitgefangenen: Ihre Mutter kümmert sich um sie, macht Druck, engagiert einen Rechtsanwalt. Einige der Internierten haben einen Anwalt bezahlt, der nach der Entgegennahme des Geldes verschwunden ist. Andere, die sich keinen Anwalt leisten können, müssen offenbar besonders lange warten: »Alle Frauen in unserer Zelle waren mindestens drei, manchmal sechs Monate da. Sie wollten einen Asylantrag stellen, aber das ging gar nicht, man konnte dort keinen Antrag stellen.«[8]

## Willkürliche Inhaftierungen

Seit der Internierung der beiden jungen Irakerinnen 2012 haben sich die Zustände in den Lagern nicht wesentlich geändert.[9] Immerhin gibt es in den Lagern jedoch inzwischen die Möglichkeit, Asylanträge zu stellen. Allerdings kann es Monate dauern, bis diese bearbeitet werden. Die Internierten haben darauf keinen Einfluss und sind von der Willkür der Beamten abhängig.[10] Seit 2013 gibt es auch eine Anlaufstelle für Asylsuchende in der griechischen Hauptstadt, die diesen Namen verdient.

Bis dahin mussten sich alle Flüchtlinge, die in Athen einen Asylantrag stellen wollten, vor einem Büro der Fremdenpolizei einfinden. Dort wurden jeden Samstag 20 Asylsuchende vorgelassen und ihre Anträge bearbeitet. Viele Hundert Flüchtlinge, die teilweise wochenlang jede Freitagnacht eine lange Schlange bildeten, um endlich ihren Asylantrag stellen zu können, harrten vergeblich aus. Immer wieder kam es zu körperlichen Auseinandersetzungen sowohl zwischen den verzweifelten Wartenden wie mit der Polizei.[11]

Trotz einiger Verbesserungen ist es in Griechenland bis heute nicht gelungen, ein funktionsfähiges Asylverfahren zu implementieren. Über 37 000 nicht bearbeitete Verfahren stapelten sich Ende 2014 in den Ämtern. Seit Jahren wird europäisches Recht gebrochen, wie Michele Cercone von der EU-Kommission festhält: »Das ist erschreckend und traurig. Und dieser Zustand hat nichts mit der Wirtschafts- oder Finanzkrise zu tun. Wenn Sie sich den Rückstau an Asylbegehren anschauen, der in Griechenland zu beobachten ist, dann ist klar, dass man sich lange überhaupt nicht mit diesem Problem auseinandergesetzt hat.«[12]

Das UNHCR in Griechenland rät daher seit 2008 dringend von einer Rücküberstellung von Asylsuchenden nach Griechenland aus anderen europäischen Ländern ab, denn das Land habe trotz Reformen »Schwierigkeiten im Zugang zu einem Asylverfahren, einen Rückstau von Fällen ohne Entscheidung unter den alten Verfahrensbestimmungen, die Gefahr willkürlicher Inhaftierung, inadäquate Aufnahmebedingungen, fehlende Identifizierung und Unterstützung von Menschen mit besonderem Unterstützungsbedarf, sogenannte ›push-backs‹ an den Grenzen, mangelnde Integrationschancen und entsprechende Unterstützungsmaßnahmen sowie fremdenfeindliche und rassistische Gewalt«.[13]

Georgios Tsardopoulos, Leiter des UNHCR-Büros in Athen, ergänzt: »In Griechenland gab es schon immer Probleme mit Leuten, die hier gestrandet waren, obwohl sie eigentlich in andere europäische Länder wollten, wo es mehr Aussicht auf Jobs und Integration gab. Mit der wirtschaftlichen Krise und dem Aufflammen rassistischer Gewalt hat sich die

Situation extrem verschärft, sie ist absolut dramatisch geworden.«[14]

Lange waren die Flüchtlinge in Griechenland geduldet, nicht zuletzt als billige Arbeitskräfte. Gültige Papiere spielten keine Rolle. Niemand weiß, wie viele Menschen illegal in Athen leben. Schätzungen sprechen von 300 000 Flüchtlingen. Die meisten dieser Menschen sind sich selbst überlassen: »Besonders schwierig ist es auch, eine Unterkunft zu finden. Es gibt keinen sozialen Wohnraum oder alternative Unterstützung. Zudem fehlt eine zielgerichtete nationale Strategie, um die Beschäftigung von Flüchtlingen zu fördern. Im Ergebnis enden viele in der Verelendung. Fremdenfeindliche und rassistische Gewalt erschwert die Situation für die Betroffenen noch weiter. 65 Vorfälle wurden in den ersten neun Monaten 2014 registriert, darunter auch körperliche Angriffe im öffentlichen Raum gegen Migranten und Asylsuchende aufgrund ihrer Hautfarbe und ethnischen Herkunft. Die aktuelle Zahl der Vorfälle liegt wohl noch weit höher, da nur eine geringe Zahl überhaupt erfasst wird.«[15]

Judith Sunderland beobachtet für *Human Rights Watch* seit Jahren die Situation in Griechenland: »In Athen gibt es sehr viele hilflose Flüchtlinge und Asylsuchende in einer katastrophalen Lage mitten in einer Wirtschaftskrise, die Griechenland durchlebt. Der Zugang zu Asylverfahren ist außerordentlich begrenzt. Viele der Flüchtlinge ohne Papiere sind in Wirklichkeit Asylsuchende, die keine Möglichkeit haben, einen Asylantrag zu stellen.«[16]

Die Flüchtlinge trifft immer wieder die Gewalt der Straße. Sie sind schutzlos den Attacken fremdenfeindlicher Gruppen ausgesetzt. Die Polizei tut kaum etwas, um die bedrohten Flüchtlinge zu schützen. Vielmehr behandelt sie Anzeigen in der Regel so nachlässig oder nimmt sie gar nicht auf, dass die Täter, die solche rassistischen Taten begehen, meist keine Bestrafung zu befürchten haben.[17]

Flüchtlinge in Griechenland: schutzlos, rechtlos, ohne materielle Unterstützung durch den Staat. Nur einzelne Nichtregierungsorganisationen engagieren sich für sie. Die katholische Caritas betreibt im Zentrum Athens, wo viele Flüchtlinge in illegalen Wohnungen leben, eine öffentliche Küche. Hier erhalten bis zu 500 Menschen jeden Mittag und Abend eine kostenlose Mahlzeit. Freiwillige helfen, die Mahlzeiten zuzubereiten, Tische zu decken und das schmutzige Geschirr zu waschen, sonst wäre dieses Angebot nicht möglich.

Hier trifft man die Menschen, die nicht mehr auf die Straße gehen, weil sie Angst vor den schwarz gekleideten Anhängern der »Goldenen Morgenröte« haben, jener neofaschistischen Gruppierung, die inzwischen im griechischen Parlament mit 17 Sitzen vertreten ist: Familien aus Afghanistan, aus Syrien, aus dem Irak, Männer aus Mali oder Ägypten. Die meisten von ihnen wollen weiter, weil sie sich bedroht fühlen und auch keine Jobs mehr finden. Wer eine reguläre Arbeit hat, hat auch eine Aufenthaltsgenehmigung – doch wer seinen Job verliert, verliert auch das Recht zu bleiben.[18]

Eine dieser Familien, die sich nur noch selten auf die Straße trauen, sind die Pahanis. Das junge Ehepaar lebt seit einigen Monaten gemeinsam mit ihrer kleinen Tochter und 14 weiteren Flüchtlingen in einer illegalen 4-Zimmer-Wohnung auf etwa 100 qm mitten im Zentrum von Athen. Sie stammen alle aus Afghanistan. Die 19-jährige Mahsoma erzählt: »Als wir hierherkamen, hatten wir eine Aufenthaltsgenehmigung. So konnte mein Mann arbeiten und auch für die Miete sorgen. Aber dann wurde er auf der Straße zusammengeschlagen. Jetzt lasse ich ihn nicht mehr nach draußen gehen. Ich habe große Angst, alleine zu bleiben. Es ist so furchtbar, ich will hier nicht bleiben, ich will weg.«

Die Flüchtlinge in der illegalen Wohnung wissen nicht, was sie tun sollen. Wohin sollen sie sich wenden? Sie seien wieder in der Situation, vor der sie geflohen sind, klagt Gholamhousen Panahi. Sie gehören einer afghanischen Minderheit an, die vor den Taliban in den Iran flohen. Aber auch dort waren sie geächtet: »Wir konnten uns im Iran nicht frei bewegen, weder arbeiten noch zur Schule gehen. Wir haben uns nur im Dunkeln getraut, rauszugehen und zu arbeiten. Die Polizei hat uns auf der Straße verhaftet, einfach so, ohne Grund. Manche von uns waren monatelang im Gefängnis. Wir haben im Iran keine Zukunft gesehen, deshalb blieb uns keine andere Wahl, als wegzugehen.«[19]

Jetzt ist es wieder so weit, dass sie keinen Schutz vor Schlägerbanden haben. Freunde und Bekannte würden plötzlich verschwinden, erzählen die beiden jungen Afghanen. Monate später hieße es dann, die Polizei habe sie in Gefängnisse gebracht. Von dort habe man keine Möglichkeit, seine Familie zu benachrichtigen.

## Polizeirazzia in Athen

Athen, Omonoia. Eines der zentrumsnahen Viertel, das die Wirtschaftskrise spürbar getroffen hat. Viele Läden stehen leer und sind zu vermieten, in den Seitenstraßen sitzen Junkies in den Hauseingängen. In einem Müllcontainer wühlt eine armselig gekleidete Frau. Viele Menschen, die hier leben, stammen aus Bangladesch, Pakistan oder Afghanistan.

Häufig führt die Polizei hier Razzien durch. Zehn, zwölf Mann schwärmen dann im Viertel aus, angeführt von einem Polizisten in Zivil. Die Streifenpolizisten geben sich gerne martialisch, tragen eng anliegende Uniformen, die ihre Muskeln betonen, Sonnenbrillen, den Knüppel griffbereit.

Sie durchstreifen das Viertel, und alle Männer, die nicht europäisch aussehen, werden kontrolliert. Die Kontrolle folgt einem Muster: Zwei Polizisten halten einen Mann an, der ihnen auf der Straße entgegenkommt. Sie fordern seine Papiere. Sobald er sie ihnen ausgehändigt hat, muss der Mann ein paar Schritte entfernt warten. In der Regel haben die Männer ihre Aufenthaltsberechtigung bei sich. Auf dieser ist eine Frist von 30 Tagen vermerkt. Danach muss der Flüchtling Griechenland verlassen haben – es sei denn, er gehört zu den wenigen Glücklichen, denen es gelungen ist, einen Asylantrag zu stellen.

Mehrere der Männer haben keine Papiere dabei. Vielleicht ist auch deren Frist abgelaufen. »Vorwärts, vorwärts«, rufen die Polizisten dann und gehen mit ihnen zu einem Sammelplatz, an dem schon andere warten. Die Männer müssen sich in einer Reihe aufstellen, ihre Taschen leeren und den Inhalt vor sich auf den Boden legen. Handys, Kugelschreiber, kleine Münzen. Anschließend müssen sie die Beine spreizen und werden sorgfältig von den Polizisten durchsucht.

Dann dürfen sie ihre Sachen wieder einstecken. Wieder ruft ein Polizist: »Vorwärts, vorwärts.« Sie steigen in einen bereitstehenden Bus und warten. Warten darauf, dass sie in eines der Internierungslager gefahren werden. Einige Männer versuchen, mit den Polizisten zu reden. Sie zeigen auf ihre Papiere, erklären etwas. Sie versuchen, Nummern in ihre Handys zu tippen, und bekommen die Handys abgenommen. Einer hat Tränen in den Augen. Als der Bus fast voll ist – es mögen 15 Männer sein, die die Polizisten festgenommen haben –, gibt der Zivilpolizist das Zeichen zur Abfahrt. Die Aktion hat nicht länger als 45 Minuten gedauert.

Die Polizisten haben ihr Pensum absolviert. Und doch leben weiter Zehntausende Flüchtlinge im Zentrum Athens und warten auf die Gelegenheit, weiter zu fliehen, nach Österreich, nach Deutschland oder Schweden. So dreht sich das Rad jeden Tag weiter.[20]

Viele Flüchtlinge resignieren angesichts des Verfolgungsdrucks durch die Polizei und der Angst vor Schlägerbanden. Im Büro der IOM im Athener Zentrum finden regelmäßig Kurse für rückkehrwillige Flüchtlinge statt. Die IOM-Berater prüfen die Papiere, suchen günstige Flüge heraus und stehen zur Verfügung, wenn es um den Neustart in der alten Heimat geht. Und vor allem: Sie vergeben Startprämien in Höhe von einigen Hundert Euro an die Rückkehrer.

Einer der Kursteilnehmer aus Pakistan berichtet von der Angst vor den Schlägerbanden der »Goldenen Morgenröte«: »Wir trauen uns kaum noch auf die Straße. Wenn sie uns finden, schlagen sie uns zusammen. Einige von uns sind schon deshalb gestorben.« Er sei vor sechs Jahren aus der Türkei irregulär über die Grenze gekommen und habe mehrfach bei der Polizei wegen Asyl vorgesprochen: »Aber sie waren sehr brutal zu mir und sagten nur, ich solle abhauen. Deswegen war ich die ganze Zeit illegal hier.« Jetzt gibt er auf, durch die Wirtschaftskrise gebe es kaum noch Arbeit. Ein anderer ergänzt, auch er sei von zwei Anhängern der »Goldenen Morgenröte« geschlagen worden. Sie hätten ihm auch seine Papiere abgenommen. Als er zur Polizei ging, sagten die Beamten zu ihm: »Die ›Goldene Morgenröte‹ hat doch recht, ihr Pakistani seid Abschaum.«

Khan, ein junger Mann aus Afghanistan, bringt die Dinge aus seiner Sicht auf den Punkt: »In Afghanistan konnten wir wegen des Kriegs nicht weiterleben, also kamen wir hierher. Aber hier in Griechenland ist die Situation für Flüchtlinge einfach schrecklich: kein Platz zum Schlafen, nichts zu essen. Wir schlafen in den Parks, in den Straßen. Wir durchwühlen die Abfalleimer nach etwas Essbarem. Flüchtlinge sind hier allen egal.« Deshalb sage er allen seinen Brüdern und Bekannten, auf keinen Fall nach Europa zu kommen. Es habe einfach keinen Sinn.[21]

Khan hat die Botschaft Europas verstanden, die Botschaft der Abschreckung.

## Bulgarien

Harmanli, 50 Kilometer von der türkisch-bulgarischen Grenze entfernt. Die kleine Kreisstadt mit 20000 Einwohnern beherbergt eine der größten Flüchtlingsunterkünfte Bulgariens. 4000 Menschen waren hier zeitweise untergebracht, derzeit leben zwischen 1500 und 2000 Flüchtlinge hier, die meisten sind Syrer. 2013 brachten die Behörden die ersten Ankömmlinge auf dem Gelände einer ehemaligen Kaserne unter, obwohl das Gebäude einer Ruine glich. In den Fenstern fehlte häufig das Glas, die Heizung funktionierte nicht, auf dem Boden stand das Wasser. Wegen des großen Ansturms wurden zahlreiche Zelte errichtet, in denen viele Flüchtlinge monatelang im Winter leben mussten.

Inzwischen steht eine kleine Containersiedlung auf dem Gelände, die vorhandenen Gebäude sind saniert. *Ärzte ohne Grenzen* betreibt eine Tagesklinik im Gebäude der Lagerverwaltung, und der Lagerleiter gibt sich bemüht: »Hier gibt es die Möglichkeit, Bulgarisch, Deutsch, Englisch und Landeskunde zu erlernen. Wir werden auch bald eine Berufsausbildung anbieten. Es gibt ein Programm der Arbeitsagentur mit einer Liste von Firmen, die bereit sind, Flüchtlinge zu beschäftigen.«[22] In der Registratur wird gerade eine Familie in die Datei aufgenommen, die am Tag zuvor eingetroffen ist. 13 Erwachsene und Kinder, die erst mit einem Schlauchboot den Grenzfluss überquerten und dann die restliche Nacht durch den Wald irrten, bis sie auf eine bulgarische Grenzstreife trafen.

10000 Dollar, sagen sie, hätten sie den Schleppern bezahlt. Die Großmutter hebt ihre Hände zum Himmel und dankt Gott, dass sie alle gerettet wurden: »Syrien sind wir gerade noch so entkommen. Die Islamisten sind so grausam. Wenn einer dieser Männer die Hand auf den Kopf einer Frau legt, gehört sie ihm. Dann entführen sie sie und können mit ihr machen, was sie wollen.«[23]

Flüchtlinge, die schon einige Monate im Lager Harmanli leben, haben ihre Euphorie längst eingebüßt. Eine Frau lebt mit ihren drei erwachsenen Kindern seit einem halben Jahr hier. Sie stammen ebenfalls aus Syrien. Zwei Mal, berichtet die sehr gut Englisch sprechende Tochter, seien sie an der Grenze von Polizisten aufgegriffen und in die Türkei zurückgeschickt worden. Erst beim dritten Mal durften sie bleiben.

Sie sind immer noch nicht als Asylbewerber anerkannt, der Rückstau bei der Bearbeitung der Anträge ist noch nicht abgearbeitet. Sie sind hier im Lager zur Untätigkeit verdammt, sagen sie. Im Ort werden sie angefeindet, sie trauen sich nur zu mehreren in den Supermarkt. »Wir stecken hier in der Falle. Sobald wir unsere Papiere haben, werden wir versuchen, wegzukommen. Nichts wie weg von hier!«[24]

Die Situation von Flüchtlingen ist in Bulgarien vielleicht noch schlechter als in Griechenland. An Bulgarien gingen die Schmuggelrouten lange vorbei. Erst als Griechenland im Sommer 2012 am Evros 1800 zusätzliche Grenzpolizisten stationierte, einen Zaun baute und das bis dahin problemlose Überqueren des Evros zu einem aussichtslosen Unterfangen wurde, änderten sich auch die Fluchtrouten. Wurden 2012 nur 1385 Flüchtlinge in Bulgarien registriert, waren es 2013 schon 7145 und 2014 11 080 Personen.[25]

Die Bedingungen in den übrigen Flüchtlingsunterkünften sind oft ähnlich katastrophal wie in den Anfangszeiten in Harmanli: überfüllt, schmutzig, in einem verheerenden baulichen Zustand. Die Behandlung der Schutzsuchenden kann man häufig nur als unmenschlich bezeichnen. Mehrere Menschenrechtsorganisationen sammeln seit Jahren Material, in denen die Behandlung von Flüchtlingen akribisch dokumentiert wird. Es liegen zahlreiche Berichte vor, gestützt von eidesstattlichen Versicherungen. Daraus kann man nur den Schluss ziehen, dass die Misshandlungen und Straftaten, die darin geschildert werden, alltägliche Praxis sind und keine Einzelfälle.

Ein besonders grausamer Fall von Menschenrechtsverletzungen ist das Schicksal des Flüchtlings R. aus dem Irak, den bulgarische Grenzpolizisten an der Grenze festnahmen und auf ein Polizeirevier brachten. Dort musste sich R. nackt ausziehen und untersuchen lassen. Die Polizisten zwangen ihn, sich wie zum Gebet auf den Boden zu knien und wieder aufzustehen. Jedes Mal, wenn er sich hinknien sollte, gaben sie ihm einen Hieb mit dem Schlagstock auf sein nacktes Gesäß. Bei weiteren Verhören wurde er gefesselt, geschlagen, getreten, bespuckt und angeschrien: »Sie behandelten mich wie die Insassen im Folterzentrum Abu Ghraib«, beschreibt er seine Erfahrungen später.

Auch als R. in ein anderes Gefängnis verlegt wurde, hielt diese menschenverachtende Behandlung an. R. musste sich wieder nackt ausziehen und stundenlang in einem ungeheizten Raum stehen. Die Polizisten verstreuten seine Kleidungsstücke auf dem Boden, und R. musste sie wieder einsammeln. Immer wenn er sich bückte, traten sie ihm ins Gesäß. Sobald er einen Laut von sich gab, schlugen sie zu. Sein Körper war von Blut, Schürf- und Platzwunden gezeichnet. Immer wieder sagte er, dass er ein Flüchtling aus dem Irak sei, der Schutz suche und Beweise hätte, was die Beamten nicht interessierte.

Als R. sich einmal mit einem Polizisten stritt, wurde er kurz darauf in den Duschraum des Gefängnisses gebracht. Fünf Beamte schlugen und traten ihn und zogen ihm die Kleider aus. Sie schlugen ihn nicht ins Gesicht, damit die Folterspuren nicht sofort sichtbar waren. Zwei Beamte hielten ihn fest, zwei andere traten ihn, und der fünfte vergewaltigte ihn. Aufgrund der Vergewaltigung litt er an massiven inneren Darmblutungen. R. forderte eine Untersuchung durch den Gefängnisarzt, aber dieser weigerte sich, ihn zu untersuchen.

Nach mehreren Monaten Gefängnisaufenthalt kam er gefoltert, misshandelt, gedemütigt und abgemagert aus der Haft: »Bei allem Respekt, man sollte nicht meinen, dass in Bulgarien so etwas wie ›Menschenrechte‹ existieren. Wir wurden wie Staatsfeinde oder wie Kriegsgefangene behandelt. Als ob wir von einer Seuche befallenes Vieh wären. Warum bin ich mehr als sechs Monate ohne Anklage, ohne Urteil inhaftiert, gefoltert und misshandelt worden? Warum?«[26]

*Pro Asyl* listet in einem Bericht zahlreiche Verfehlungen bzw. Straftaten bulgarischer Behörden auf: Flüchtlinge wurden unter menschenrechtswidrigen Bedingungen inhaftiert. Stundenlang wurde ihnen verweigert, auf die Toilette zu

gehen, immer wieder wurden sie mit Fußtritten und Schlag-
stöcken malträtiert. Außerdem bekamen sie als Strafmaß-
nahme kein Essen. Ein Flüchtling wurde mehrfach vergewaltigt, ein anderer drei Tage lang in einer Toilettenkabine
von einem Quadratmeter Größe eingesperrt, wo auch er
nichts zu essen bekam. Sogar Kinder mussten ohne Decken
auf dem Boden schlafen.[27]

## Rassistische Anfeindungen

Flüchtlinge erhalten in Bulgarien oft kein regelgerechtes
Asylverfahren. Es fehlt an Dolmetschern in den Aufnahmezentren, sodass die Flüchtlinge gar nicht verstehen, worum
es in den Asylanträgen geht, die sie unterschreiben. Auch
erfolgen meist keine Anhörungen, in denen sie ihre Fluchtgründe erläutern können. Nicht selten besteht das Verfahren im Grunde darin, Fingerabdrücke abzugeben – so sind
die Flüchtlinge in Bulgarien registriert. Wenn sie sich wei-
gern, diese Prozedur mitzumachen, wird ihnen mit Haft
gedroht.[28] Dabei ist nach bulgarischer Gesetzgebung die Inhaftierung von Asylsuchenden grundsätzlich verboten – die
Behörden begründen diese gesetzeswidrige Praxis daher mit
den »illegalen Grenzübertritten« der Flüchtlinge. Tatsächlich
registrierten Nichtregierungsorganisationen Fälle, in denen
Flüchtlinge bis zu zweieinhalb Monate in Haft waren.[29]
    Der Schmutz, die schlechte Verpflegung, die katastrophale
medizinische Versorgung, die Brutalität der Beamten – all

das ist Alltag in Bulgariens Flüchtlingslagern. Dort stoßen Asylsuchende auch immer wieder auf offensichtlich rassistisch motivierte Ablehnung durch Beamte. Dunkelhäutige werden als Affen bezeichnet, die Flüchtlinge fühlen sich oft wie Tiere behandelt.[30]

Aber auch außerhalb der Lager und Gefängnisse sind sie rassistischen Anfeindungen ausgesetzt. Sie werden von der Bevölkerung beschimpft und manchmal bedroht. Gewalt ist keine Ausnahme.[31]

Flüchtlinge sind besonders von Obdachlosigkeit bedroht, weil die Plätze in den Lagern nicht ausreichen. Ihre finanziellen Möglichkeiten reichen aber nicht aus, um sich eine reguläre Wohnung zu mieten, ihnen werden oft unzumutbar hohe Mieten abverlangt. Damit befinden sie sich in einer sehr schwierigen Situation: Wer als Asylsuchender anerkannt ist, darf nur noch zwei Wochen in einem Lager bleiben. Danach muss er sich auf dem freien Wohnungsmarkt umsehen. Dafür bekommt er aber vom bulgarischen Staat keinerlei Unterstützung. Die prekäre Wohnsituation von Personen mit Aufenthaltstiteln hat dazu geführt, dass diese Menschen nachts heimlich bei ihren Bekannten und Freunden im Lager schlafen, um nicht Opfer eines rassistischen Überfalls zu werden oder schlicht zu erfrieren – eine Situation, die Menschenrechtsorganisationen als »geächteten Aufenthalt« bezeichnen.[32]

Flüchtlinge haben darüber hinaus praktisch keinen Zugang zum regulären Arbeitsmarkt. Meist sind sie illegal beschäftigt. Die meisten Kinder von Flüchtlingen gehen nicht zur Schule, zum einen, weil sie schlicht nicht wissen, wie man sich an einer Schule anmeldet, zum anderen, weil Transportmöglichkeiten von den Lagern zu den Schulen nicht existieren. Außerdem ist der Schulbesuch einfach zu teuer.[33]

Medikamente stehen in den Flüchtlingslagern ebenfalls kaum zur Verfügung, meist beschränkt sich die Therapie auf die Verabreichung von Schmerzmitteln. Angesichts der harten Bedingungen in den Lagern – Kälte, Feuchtigkeit, Überbelegung, schlechte sanitäre Einrichtungen – eine medizinisch völlig ungenügende und fragwürdige Behandlung. Auch in den Krankenhäusern stehen meist keine Dolmetscher zur Verfügung. So bekamen mindestens zwei asylsuchende Frauen Kinder in Bulgarien, ohne während der Geburt irgendeine Unterstützung zu erhalten. Eine der Frauen könnte ihr Baby nicht stillen, da weder Hebamme noch Arzt ihr halfen.[34]

Im Alltag müssen Flüchtlinge mit Ablehnung bis hin zu körperlicher Gewalt rechnen. Im Dorf Rozovo hatte eine syrische Familie ein Haus gemietet. Nach Monaten des Wartens in einem Lager hatte die 17-köpfige Familie, darunter sechs Kinder, endlich einen Asylstatus und eine Wohnung vermittelt bekommen. Ihre Anwesenheit im Dorf löste jedoch massive Proteste seitens der Bevölkerung aus – die Dorfbewohner versammelten sich vor dem Haus, brüllten Parolen und bedrohten die Familie. Nach drei (!) Tagen verließ die Familie das Dorf unter Polizeischutz. In der Folge erlitt eines der Familienmitglieder einen Herzinfarkt.[35]

Diese diskriminierende Haltung gegenüber Flüchtlingen findet sich bis in die Spitzen von Politik und Verwaltung. Die

Europäische Kommission gegen Intoleranz und Rassismus des Europarates stellte 2014 fest: »Rassistische und intolerante Hassreden eskalieren in den politischen Diskussionen. Das Hauptziel sind jetzt Flüchtlinge.«[36]

Rassismus gegenüber Asylsuchenden ist auch bis in höchste politische Ämter in Bulgarien offensichtlich nichts Anstößiges. So behauptete der stellvertretende Minister für Jugend und Sport, Iordan Iovtchev: »Momentan können weniger als 50 Prozent der illegal Einreisenden als Flüchtlinge bezeichnet werden. Es gibt Personen, von denen wir vermuten, dass sie mit terroristischen und extremen Gruppierungen verbunden sind, und mit sehr schweren Straftaten zu tun haben.«[37]

Das deprimierende Fazit: Der Staat überlässt die Flüchtlinge ihrem Schicksal. Das bedeutet Obdachlosigkeit, Arbeitslosigkeit, Armut, soziale Isolation. Finanzielle und soziale Ersthilfe sind nicht vorhanden, Hilfe beim Spracherwerb oder beim Zugang zum Arbeitsmarkt existieren nicht. Die Zahl fremdenfeindlicher Straftaten wächst, staatliche Reaktionen bleiben aus. Parallel dazu steigt die Zahl rechtsextremer Vereinigungen.[38]

So ist es nur folgerichtig, dass von einer Rücküberstellung von Asylsuchenden an Bulgarien im Rahmen der Dublin-Vereinbarungen dringend abgeraten wird. Ebenso wie in Griechenland laufen Asylsuchende in Bulgarien Gefahr, an Leib und Leben bedroht, im Krankheitsfall nicht angemessen behandelt zu werden und im Zweifelsfall ihre Wohnung zu verlieren. Staatliche Unterstützung hat der Flüchtling in keinem Fall zu erwarten – allenfalls Häme.

# Italien

Italien hat seit einigen Jahren besonders viele Flüchtlinge zu verkraften. 2014 erreichten 170 000 Flüchtlinge Italien, 2015 rechnet man mit 200 000 Flüchtlingen, die fast alle mit dem Boot über das Mittelmeer eintreffen werden. Seit Jahren steigt die Zahl der Ankömmlinge, aber bis heute ist der italienische Staat nicht in der Lage, diese Menschen adäquat zu versorgen.

Etwa 64 000 Menschen haben in Italien 2014 einen Asylantrag gestellt – mehr als doppelt so viele wie 2013. Italien steht damit in der EU hinter Deutschland und Schweden an dritter Stelle. Mehr als die Hälfte der Antragsteller ist im Süden des Landes untergebracht, v. a. in Sizilien. Im Norden wehren sich die Rechtspopulisten gegen Flüchtlingslager, nicht einmal ein paar Hundert Flüchtlinge wollen die reichen Provinzen Lombardei und Venetien aufnehmen. Zurzeit gibt es 22 000 Asylsuchende in staatlichen Unterbringungen, mehr als dreimal so viele, knapp 70 000, leben in privaten Unterkünften wie Hotels, Wohnungen und Kasernen.[39]

Sehr viele Asylsuchende stehen aber nach ihrer Anerkennung auf der Straße, sie finden weder in den staatlichen noch in den privaten Unterkünften eine Möglichkeit zu bleiben. Selbst die Bedingungen in den staatlichen Unterbringungen sind prekär: Überbelegung, schlechte medizinische Versorgung, schlechte Betreuung von unbegleiteten minderjährigen Flüchtlingen sind die Folge.[40]

Der Vater einer somalischen Familie, die in einer Erstaufnahmeeinrichtung untergebracht wurde, berichtet: »Wir haben in einem Container gelebt. Es gab zu wenig sanitäre Einrichtungen, und das Wasser war rationiert, es war alles furchtbar dreckig und unhygienisch. Es gab etwas zu essen, aber es war schlechtes Essen, und oft war etwas dabei, das wir als Moslems nicht essen dürfen. Wir haben nach Milch für unseren kleinen Sohn gefragt, aber es gab keine. Auch Windeln haben wir nicht bekommen. Ich bin krank geworden, aber der Arzt im Camp hat nur Blut abgenommen und sonst nichts gemacht. Als unser Baby krank wurde, gab es keine Medizin für ihn. Sogar die Mitarbeiter im Camp haben uns gesagt, wir sollten doch in andere europäische Länder gehen und dort ein besseres Leben suchen.«[41]

Nach einem Besuch in der Erstaufnahmeeinrichtung von Salinagrande resümierte eine Delegation der EU: »Salinagrande ist die Hölle. Die EU-Delegation ist schockiert über das Aufnahmezentrum in Trapani. Zerrissene Kleidung, keine ärztliche Versorgung, eiskalte Duschen und kaputte Bäder. So leben die Asylsuchenden, auch Frauen und Kinder, in einer Einrichtung, die vom Innenministerium als Vorzeigeheim gepriesen wird.«[42]

Am drastischsten sind die Zustände wohl im Zentrum CARA Mineo auf Sizilien. Seit seiner Gründung war die staatliche Unterbringung fast ständig überbelegt, zuletzt lebten hier 4000 statt der vorgesehenen 2000 Menschen. Die Lebensumstände sind so unerträglich, dass Bewohner mehrfach mit Straßenblockaden oder einem Demonstrationszug protestierten. Mindestens sieben Selbstmordversuche wurden bereits gezählt.[43]

Da die staatlichen Unterbringungszentren überfüllt sind,

werden immer mehr informelle Strukturen geschaffen: Das können Turnhallen, Stadien oder auch alte Schulgebäude sein. Sie alle haben eines gemeinsam: Sie eignen sich nicht für die dauerhafte Unterbringung von Menschen. Die sanitären Anlagen sind oft marode, die Gebäude feucht, die Menschen haben keine Privatsphäre. Nicht einmal genügend Decken für alle Menschen stehen zur Verfügung. Aufgrund der Überfüllung kommt es auch zu Gewaltausbrüchen zwischen den Flüchtlingen.

Besonders kritisch: Immer wieder müssen unbegleitete Minderjährige zwischen Erwachsenen leben und sind so besonders durch sexuelle Übergriffe oder Raub gefährdet. In Siracusa wurden Minderjährige tagelang in Zellen eingesperrt, um sie dem Zugriff von Erwachsenen zu entziehen. Eine hilflose Reaktion der italienischen Bürokratie, die auch ansonsten mit der Welle von ankommenden Minderjährigen überfordert ist, wie ein Brief von Jugendlichen, die in Palermo untergebracht wurden, an die Verwaltung zeigt:

»Wir möchten darauf aufmerksam machen, wie unzufrieden wir mit der Unterkunft sind, in der wir leben müssen. Wir sind am 19. Juni 2014 in Palermo angekommen. Seitdem leben wir, 42 Menschen, in einem Apartment mit sieben Räumen und drei Toiletten. Die italienischen Gesetze und Aufenthaltsbestimmungen für minderjährige Flüchtlinge, die illegal nach Italien kommen, schreiben vor, dass Bildung höchste Priorität hat und dass diese – auch ohne gültige Aufenthaltsgenehmigung – berechtigt sind, eine Schule zu besuchen. (Wir sind sehr unglücklich, dass wir nicht zur Schule gehen können.) Minderjährige haben außerdem ein

Recht auf medizinische Versorgung, zu der wir aber keinen Zugang haben, genauso wenig wie zu gutem Essen und Wasser.

Das italienische Gesetz besagt, dass allen unbegleiteten minderjährigen Flüchtlingen das Recht auf eine Aufenthaltsgenehmigung zusteht. (Wir sind unglücklich, weil uns gesagt wird, dass wir in unserem Lager, im Gegensatz zu anderen Minderjährigen, keine solchen Papiere bekommen können.)

Wir möchten, dass Sie über unsere Situation im Lager Bescheid wissen, und uns helfen, es zu verlassen. Jedes Mal, wenn wir uns über das Essen, die medizinische Versorgung, unsere Papiere, die Lebensbedingungen oder das Taschengeld beschwert haben, wurde uns gedroht. (Beim letzten Mal haben sie die Tür geöffnet und uns zum Gehen aufgefordert.) Danke!«[44]

Seit Jahren ist es Praxis in Italien, dass Flüchtlinge, seien sie anerkannt oder nicht, registriert oder ohne Papiere, in besetzten Häusern leben, weil sie nirgends unterkommen. Diese Häuser finden sich oft in den Peripherien der großen Städte Rom, Neapel oder Mailand. Hier leben sie oft nach Ethnien getrennt. Der bauliche und sanitäre Zustand der Häuser ist in aller Regel sehr schlecht und gefährdet nicht selten das Leben ihrer Bewohner. Allein in den römischen Stadtvierteln Collatina und Anagnina leben etwa 1500 Eritreer, Somalis und Äthiopier.[45]

I., ein 24 Jahre alter somalischer Flüchtling, schildert die Zeit seiner Obdachlosigkeit in Italien. Er floh 2011 aus Somalia, nachdem sein Vater von Al-Shabaab-Milizen erschossen worden war. Inzwischen lebt er in Deutschland: »Ich wurde im Juni 2012 obdachlos, es war Sommer. Im Herbst wurde es kalt, es schneite und regnete, ich hungerte, hatte keine Winterjacke, keine Mütze, keine warme Hose. Ich hatte keinen Platz zum Schlafen mehr und lebte als Obdachloser wie viele andere Flüchtlinge in Italien. Ich habe in Somalia keinen Hunger gekannt, aber nun hatte ich oft solchen Hunger, dass ich nicht schlafen konnte. Wir haben dann mit anderen gemeinsam ein leer stehendes Haus besetzt, damit wir zumindest ein Dach über dem Kopf hatten. Aber nach ca. sechs Wochen kam der Besitzer und hat uns rausgeworfen. Wir haben dann auf einem offenen Gelände vor einer Kirche geschlafen, weil wir hörten, die Kirche könnte uns helfen. Es gab morgens und mittags kein Essen, aber es gab einen Mann, der ein gutes Herz hatte und uns immer abends mit seinem Auto Essen brachte. Ich war ohne Hoffnung, und so habe ich einfach immer weitergelebt, aber in mir war etwas tot.«[46]

Als wäre das nicht genug, verschärft sich die Situation der Asylsuchenden durch die Tatsache, dass es in Italien kein Sozialhilfesystem gibt. Asylsuchende und Schutzberechtigte, die nicht mehr in einer staatlichen Unterkunft leben, haben keinen Anspruch auf Unterkunft, Nahrung, Kleidung oder sonstige materielle Leistungen.

So sind sie auf Gedeih und Verderb auf jegliche Arbeitsangebote angewiesen. Besonders in Süditalien bleibt ihnen praktisch nichts anderes übrig, als schwarz in der Landwirtschaft zu arbeiten. Eine Arbeitsbeziehung mit Tradition. Seit vielen Jahren beuten Plantagenbesitzer in der Region afrikanische Arbeiter aus, die illegal nach Italien eingereist sind und sich als Tagelöhner verdingen müssen.

Im Morgengrauen versammeln sich die Arbeitssuchenden auf dem Marktplatz, an der Kreuzung einer Ausfallstraße oder im Industriegebiet eines Ortes. Hierher kommen die Kleinlaster der Bauern und suchen sich ein paar Männer aus. Dutzende, manchmal Hunderte hoffen darauf, für einen Tag Arbeit auf einer Plantage zu finden.

Die Hälfte der Arbeiter bekommt zwischen 30 und 40 Euro täglich, ein Drittel weniger als 25 Euro. Das hängt von der Art der Arbeit und dem Wohlwollen des Arbeitgebers ab. Von ihrem Lohn müssen manche noch drei bis fünf Euro an den Vorarbeiter abgeben. Tun sie das nicht, laufen sie Gefahr, am nächsten Morgen keine Arbeit mehr zu bekommen. Dieser Lohn reicht kaum zum Überleben. Familien, die in den Herkunftsländern dringend auf materielle Hilfe von den Flüchtlingen angewiesen sind, können damit nicht unterstützt werden.

Auch hier leben viele Flüchtlinge unter katastrophalen Bedingungen, in Ruinen, aufgegebenen Hütten oder Zelten. Manche teilen sich die wenigen Matratzen, viele schlafen auf dem blanken Boden. Toiletten, fließendes Wasser, Elektrizität oder gar eine Heizung sind unter solchen Bedingungen die seltene Ausnahme.

So werden viele Flüchtlinge krank – und häufig nicht adäquat behandelt. Von den psychischen Traumata ganz zu schweigen, die sie vor und während der Flucht erlitten haben und die in der Regel auch nicht behandelt werden.[47]

## Spanien

Das spanische Asylverfahren entfaltet schon im Vorfeld eine solch abschreckende Wirkung, dass kaum jemand überhaupt den Antrag stellt, wie man in den Aufnahmezentren der Exklaven Ceuta und Melilla beobachten kann. Die meisten Afrikaner, die es trotz des meterhohen Zauns auf die andere Seite geschafft haben, wissen, dass es sich nicht lohnt, einen Asylantrag zu stellen. Denn dann müssten sie bis zu 18 Monate im Aufnahmezentrum bleiben. Lieber stellen sie keinen Asylantrag, dann werden sie – weil es in den beiden Städten viel zu wenig Platz für Flüchtlinge gibt – innerhalb weniger Monate aufs spanische Festland geflogen.

Einmal auf europäischem Boden, reisen viele unerlaubt in andere EU-Staaten weiter oder tauchen als »irreguläre Migranten« unter. Wenn sie ohne Papiere aufgegriffen werden, besteht zwar die Gefahr, abgeschoben zu werden. Aber dieses Risiko gehen sie ein, denn sie wollen vor allem arbeiten. Weil ihre Arbeitskraft so gut wie nichts kostet, werden diese Männer ohne Papiere ebenso wie in Italien z. B. auch auf den spanischen Gemüseplantagen geduldet. Gut integrierte »Illegale« können laut Ausländerrecht nach drei Jahren einen Aufenthalt beantragen. Man muss also die Nerven haben, sich drei Jahre lang illegal in Spanien aufzuhalten. »Selbst dieses Katz-und-Maus-Spiel scheint oft attraktiver als ein aussichtsloser und langwieriger Asylantrag«, meint Mikel Araguás, Generalsekretär der Nichtregierungsorganisation *Andalucía Acoge*.

In der EU-weiten Debatte könne man die spanischen Asylbewerberzahlen deshalb auch gar nicht mit den deutschen vergleichen. Während in Deutschland 2 Asylbewerber auf 1000 Einwohner kommen, sind es in Spanien gerade mal 0,1 auf 1000. Das spanische Innenministerium schiebe viele Asylanträge jahrelang vor sich her, kritisieren Menschenrechtler. Nuria Díaz, Sprecherin der Flüchtlingsorganisation CEAR, bestätigt, dass derzeit fast nur Syrer eine reelle Chance auf Asyl in Spanien haben. »Die Asylbehörde lässt Anträge von Flüchtlingen aus Mali oder der Ukraine einfach unbearbeitet in der Schublade liegen«, so Díaz. Das Innenministerium behauptet dagegen, Asylbewerber mit klarem Schutzbedarf zwar bevorzugt zu behandeln, andere Asylbewerber würden aber nicht benachteiligt. Die Praxis sieht anders aus. Sechs Monate dürfen Verfahren laut spanischem Asylgesetz maximal dauern. Während Anträge von Syrern tatsächlich in dieser Zeitspanne bearbeitet werden, bleiben Anträge von Afrikanern bis zu drei Jahre ohne Antwort. Kritik lässt das Innenministerium abperlen. Das spanische Asylsystem entspreche durchaus europäischen Standards, behauptet man in Madrid unbeeindruckt. In gewisser Weise stimmt das auch.

# Wohin in Europa?

Griechenland, Bulgarien, Italien – die überwiegende Mehrzahl der Flüchtlinge will nicht bleiben, sondern weiter nach Norden, wo viele ihrer Verwandten inzwischen untergekommen sind. Die Grenzpolizisten in Italien oder den Transitländern Mazedonien und Serbien schauen weg. Sie sind froh, wenn möglichst wenige Menschen in ihrem Land bleiben. Auch Ungarn versuchen viele Flüchtlinge so schnell wie möglich zu durchqueren. Die rechtspopulistische Regierung Orbán hat die Asylgesetze drastisch verschärft. Wer hier als Flüchtling bleibt, riskiert, ein Jahr lang in Haft genommen zu werden. In den Internierungseinrichtungen gelten die Lebensbedingungen als sehr schlecht. Ärzte verteilen mancherorts so starke Beruhigungsmittel, dass die Flüchtlinge davon abhängig werden. Sie dämmern lieber vor sich hin, als der Realität in den Lagern ausgesetzt zu sein.[1]

Also weiter, nach Österreich, Deutschland, Frankreich, Skandinavien oder in die Niederlande, wo Flüchtlinge auf eine Perspektive für sich und ihre Familien hoffen. Diese Länder haben in Damaskus oder in Istanbul den Ruf, Flüchtlinge korrekt zu behandeln. Nicht immer zu Recht.

Zumindest versuchen viele dieser EU-Staaten, möglichst

wenig einladend zu wirken. In Dänemark reduziert die neue Regierung als eine ihrer ersten Maßnahmen das Geld, das Flüchtlinge bekommen, um bis zu 50 Prozent und kündigt Grenzkontrollen an, obwohl das Land Mitglied des Schengen-Raums ist.[2] In Frankreich campieren im Sommer 2015 3000 Flüchtlinge am Ärmelkanal bei Calais in Zelten auf einer ehemaligen Müllkippe. Die einzige Reaktion der französischen Behörden: Sie versuchen, das Abkommen mit Großbritannien zu erfüllen und die Flüchtlinge, die weiter Richtung England ziehen wollen, am Betreten des Eurotunnels zu hindern.[3] Großbritannien macht sich seine Insellage zunutze. Mit aggressiver Rhetorik polemisiert die Regierung Cameron gegen die Menschen aus dem Süden. Österreich lässt in seiner Erstaufnahmeeinrichtung Traiskirchen zu, dass grundlegende Menschenrechtsstandards verletzt werden.[4] Bis zu 1500 Flüchtlinge mussten tagelang unter freiem Himmel schlafen, Kinder und Jugendliche wurden völlig sich selbst überlassen. Die Liste ließe sich fortsetzen.

In Deutschland senden Politiker wie Innenminister Thomas de Maizière unterschiedliche Signale. Während er öffentlich darüber nachdenkt, Flüchtlingen statt Geld Sachleistungen auszugeben, weil das Geld doch nur die Schleuser erhielten[5], besucht er eine Erstaufnahmeeinrichtung und betont, Deutschland sei mit dem Zustrom von Flüchtlingen nicht überfordert.[6]

Wenn man die Zustände in einem Dresdner Flüchtlingscamp sieht, könnte man zu einer anderen Ansicht kommen. Zwei Ärzte, die freiwillig dort arbeiteten, bezeichneten die Zustände als humanitäre Katastrophe. Medizinische wie hygienische Mindeststandards der WHO für Flüchtlingscamps, an die man sich selbst im Kriegsfall halten müsste, würden nicht eingehalten: »Im Ambulanzcontainer herrscht eine Temperatur von 35 Grad. Medikamente können nicht vernünftig gelagert werden. Teils stammt das Material aus im Jahr 2007 abgelaufenen Verbandskästen. […] Es gibt zu wenig Toiletten, zunächst waren diese sogar ohne fließend Wasser […]. Es fehlte an einfachsten Utensilien: Untersuchungsliegen, Blutdruckmessgeräten, Stethoskopen und sogar an Desinfektionsmitteln.«[7]

Zustände, wie sie selbst in armen Ländern nicht anzutreffen seien, sagt einer der beiden Ärzte: »Ich habe schon als Medizinstudent in Townships in Südafrika gearbeitet. Selbst unter den dortigen Bedingungen wurde mehr dafür getan, den Menschen zu helfen.«[8]

Im europäischen Maßstab verzeichnet Deutschland in absoluten Zahlen bei Weitem am meisten Asylsuchende: 2015 werden bis zu 800000 Flüchtlinge bei uns ankommen. 2014 stellten in der Bundesrepublik 173072 Asylsuchende Erstanträge, gefolgt von Schweden mit knapp 75000 und Italien mit über 63000 Anträgen. Frankreich registrierte etwa 57000 und Großbritannien 31000 Anträge. Bezogen auf die Einwohnerzahl nimmt Schweden mit etwa 7,8 Asyl-Erstanträgen pro 1000 Einwohner am meisten Schutzsuchende auf. Es folgen Ungarn mit 4,2 pro 1000 und Malta, wo drei Asylbewerber auf 1000 Einwohner kommen. In Deutschland sind es rund 2,1 Asylbewerber auf 1000 Einwohner. In Frankreich ist die Quote für 2014 mit 0,9 deutlich niedriger, noch weniger verzeichnen Finnland (0,6 pro 1000), Großbritannien

**Asylanträge in Relation zur Bevölkerungszahl**

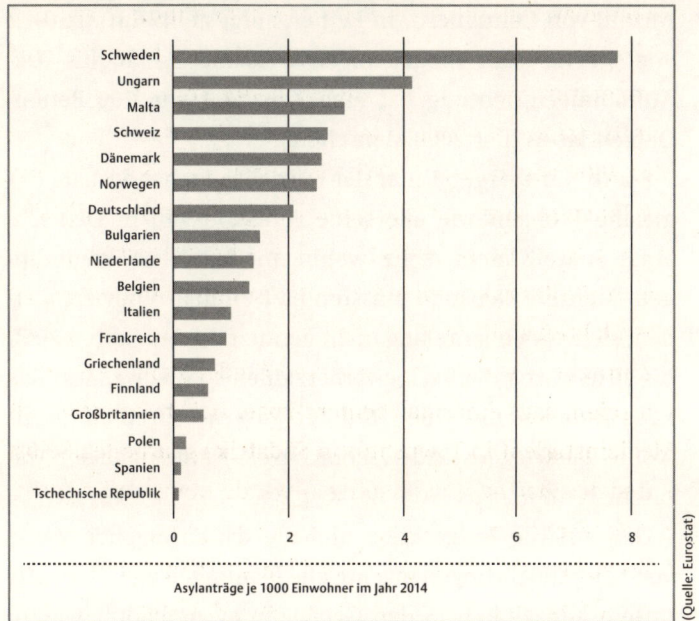

(Quelle: Eurostat)

(etwa 0,5 pro 1000), Spanien (0,1 pro 1000) und Tschechien (0,09 pro 1000).

## Willkommen in Deutschland

Zum Beispiel Eisenhüttenstadt. Nur wenige Kilometer von der Grenze zu Polen befindet sich hier die Erstaufnahmeeinrichtung für Asylbewerber des Landes Brandenburg. Am Rande der Stadt liegen die ehemalige Kaserne, einige dreistöckige Gebäude in Grau und Gelb, außerdem eine ganze Anzahl von Containern, in Reihen aufgestellt. Ein Areal ist von Stacheldraht umgeben, das Abschiebegefängnis. Die Aufnahmeeinrichtung hat eine Kapazität von 700 Betten. Derzeit leben hier 2000 Menschen.[9]

Frank Nürnberger, Leiter der Einrichtung, hat deshalb das gleiche Problem wie alle seine Amtskollegen in Deutschland: Er weiß nicht mehr, wohin mit den Neuankömmlingen. Mehrere Gebäude müssten erst einmal renoviert werden, sie wurden jahrelang nicht genutzt. In den Jahren 2000 bis 2010 waren die Asylbewerberzahlen so niedrig, dass das Land Brandenburg einen Teil der Kaserne abreißen lassen wollte, die Bagger standen schon bereit. Dann brach der Arabische Frühling aus.

Der syrische Bürgerkrieg und die darauffolgende Welle von Kriegsflüchtlingen machte alle Planungen zunichte. »Als unsere Kapazitäten in den Gebäuden ausgeschöpft waren, habe ich erst angeordnet, in unserer Sporthalle Betten aufzustellen. Dann habe ich ein Verwaltungsgebäude genutzt«, sagt Frank Nürnberger. Dabei habe er dafür eigentlich keine Baugenehmigung. Auch bei der Essensausgabe und der medizinischen Behandlung reichten die Kapazitäten kaum aus. Inzwischen schlafen 200 Neuankömmlinge in Zelten, eine zweite Zeltstadt für 500 Asylbewerber wird gerade auf einem Gelände der Bundespolizei gebaut. Nürnberger hatte Glück, überhaupt noch Zelte zu bekommen, der Markt ist leer gefegt, überall in Deutschland entstehen derzeit Zeltstädte für Flüchtlinge. In Österreich wurde seine Verwaltung schließlich fündig.[10]

In einer Erstaufnahmereinrichtung wie Eisenhüttenstadt werden die Flüchtlinge registriert, fotografiert, mit Nummern und Dokumenten versehen. Maximal drei Monate sind sie hier untergebracht, bevor sie ausgewiesen oder weiterverteilt werden. Dies ist, wenn man den Polizeigewahrsam oder die vorübergehende Notunterbringung nicht mitzählt, also ihre erste Adresse in Deutschland. An diesem Vormittag sind es zwei Tschetschenen, deren Daten aufgenommen werden. Anschließend bekommen sie in der Wäschekammer Bettzeug und Handtücher, bevor eine ehrenamtliche Helferin den beiden jungen Männern ihre Unterkunft in einem der gerade aufgestellten Container zeigt. Mehrere Zimmer sind noch frei. Bis zum Abend werden sie alle mit Neuankömmlingen gefüllt sein. Zwei Doppelstockbetten, ein Tisch, zwei Stühle – karges Mobiliar. Toilette und Waschräume sind auf dem Flur. Der Blick aus dem Fenster geht auf das stacheldrahtumzäunte Abschiebegefängnis. Die Männer verständigen sich mit der jungen Frau auf Russisch. Sie wirken erschöpft, leer.

Eine Containerreihe ist Familien vorbehalten. Hier leben vor allem syrische Flüchtlinge. Die Küche besteht aus ein paar Tischen mit Brandflecken und zwei Doppelkochplatten, die schon bessere Tage gesehen haben. In den Zimmern ist Kochen wegen der Brandgefahr verboten, nur Tee mit Wasserkochern können sich die Bewohner dort machen. Die Familie Mahmoud lebt schon seit mehreren Wochen hier und wartet darauf, in eine andere Unterkunft in der Nähe von Potsdam zu kommen. Dann, so hoffen sie, darf auch ihr Sohn zu ihnen ziehen. Der 20-Jährige ist auf anderen Wegen als die Eltern und die 13-jährige Tochter nach Deutschland gekommen und lebt in Nordrhein-Westfalen in einer Unterkunft: »Wir können nur ab und zu telefonieren, wir haben unseren Jungen seit Monaten nicht gesehen«, berichtet die Mutter. »Wir sind schon beruhigt, dass er in Sicherheit ist, aber wir möchten ihn so gerne in unsere Arme schließen und gemeinsam hier in Deutschland leben.«[11] Die Familie stammt aus Aleppo, wo sie ein Reinigungsunternehmen besaß. Sie wollten nicht das Risiko eingehen, in Griechenland oder Bulgarien hängen zu bleiben, und zahlten Schleppern über 10 000 Euro, um direkt nach Deutschland zu kommen. In einem Lkw versteckt, fuhren sie nach Berlin: »Normalerweise nehmen sie keine Kinder in den Lkw-Verstecken mit, weil die sich an der Grenze verraten könnten. Aber wir haben sie überredet, dass unsere Tochter mit uns reisen darf.«

Das Leben in Eisenhüttenstadt empfinden sie als große Belastung. Man könne sich mit den meisten Bewohnern nicht verständigen, das Essen sei auf die Dauer eintönig und von schlechter Qualität, die Stimmung in der Unterkunft oft gereizt und aggressiv. Tatsächlich gibt es immer wieder Vorfälle, bei denen Gruppen aneinandergeraten. Ein Funke genügt, eine Rempelei, und schon sind Männer bereit, sich zu prügeln. Die Belastung des Wartens hinterlässt Spuren, was manchen verzweifeln lässt: 2013 brachte sich ein Asylbewerber aus dem Tschad um. Er sollte nach Italien abgeschoben werden, weil er von dort eingereist war.[12]

In ganz Deutschland herrschen seit 2014 ähnliche Verhältnisse wie in Eisenhüttenstadt. Die Einrichtungen platzen aus allen Nähten, es wird händeringend nach Unterbrin-

## Asylanträge in Deutschland 1989–2015

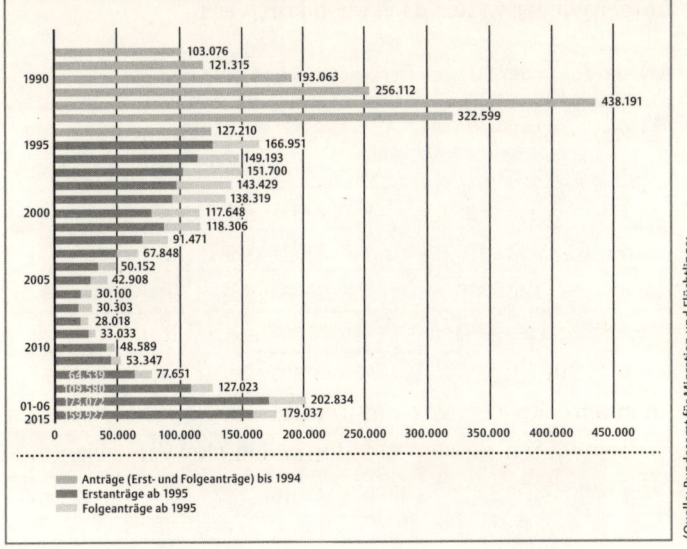

Anträge (Erst- und Folgeanträge) bis 1994
Erstanträge ab 1995
Folgeanträge ab 1995

(Quelle: Bundesamt für Migration und Flüchtlinge: Aktuelle Zahlen zu Asyl, Ausgabe Juni 2015, S. 3)

gungsmöglichkeiten für die zahlreichen Neuankömmlinge gesucht. Erinnerungen an die Zeit der Wende in Deutschland werden wach: Nach dem Fall der Mauer und der Zeit des großen Umbruchs in Osteuropa kamen Hunderttausende Schutzsuchende und Kriegsflüchtlinge aus dem zerfallenden Jugoslawien nach Deutschland. 1988 durchbrach die Zahl der Antragsteller zum ersten Mal seit 1945 die Schwelle der 100 000, um in den nächsten Jahren bis auf 438 000 (1992) zu steigen.

Seit zwei Jahren schießen die Zahlen erneut kräftig in die Höhe: 127 000 Asylbewerber wurden 2013 registriert. 2014 waren es etwa 202 000, für das laufende Jahr könnten es bis zu 800 000 werden. Das sind hohe Zahlen, wie wir sie in diesen Dimensionen noch nicht kannten. Zudem werden sie immer wieder weiter nach oben korrigiert.

**Asylanträge in der EU nach Herkunftsländern 2013 und 2014**

| Rang | Herkunftsland | 2013 | 2014 | Veränderung |
|---|---|---|---|---|
| 1 | Syrien, Arabische Republik | 49.980 | 122.115 | + 144,3 % |
| 2 | Afghanistan | 26.215 | 41.370 | + 57,8 % |
| 3 | Kosovo | 20.225 | 37.895 | + 87,4 % |
| 4 | Eritrea | 14.485 | 36.925 | + 154,9 % |
| 5 | Serbien | 22.360 | 30.840 | + 37,9 % |
| 6 | Pakistan | 20.850 | 22.125 | + 6,1 % |
| 7 | Irak | 10.740 | 21.310 | + 98,4 % |
| 8 | Nigeria | 11.670 | 19.970 | + 71,1 % |
| 9 | Russische Föderation | 41.470 | 19.815 | − 52,2 % |
| 10 | Albanien | 11.065 | 16.825 | + 52,1 % |

(Quelle: Eurostat, Stand: 14.05.2015)

Die Asylsuchenden kommen vor allem aus Kriegsgebieten wie Syrien, Afghanistan, Irak oder Eritrea oder vom Westbalkan, aus Serbien, dem Kosovo oder Albanien.

**Zielländer syrischer Flüchtlinge 2013 und 2014**

| Rang | Zielland | 2013 | 2014 | Veränderung |
|---|---|---|---|---|
| 1 | Deutschland | 12.855 | 41.100 | + 219,7 % |
| 2 | Schweden | 16.540 | 30.750 | + 85,9 % |
| 3 | Niederlande | 2.265 | 8.790 | + 288,1 % |
| 4 | Österreich | 2.005 | 7.730 | + 285,5 % |
| 5 | Dänemark | 1.685 | 7.210 | + 327,9 % |
| 6 | Ungarn | 975 | 6.855 | + 603,1 % |

(Quelle: Eurostat, Stand: 14.05.2015)

Syrische Flüchtlinge, bei Weitem die größte Gruppe, versuchen vor allem, nach Deutschland und Schweden zu kommen. Die übrigen Länder Niederlande, Österreich und Dänemark folgen mit weitem Abstand. In Ungarn bleiben die meisten gegen ihren Willen.

Völlig falsch ist die seit Jahrzehnten sattsam bekannte Unterstellung, Asylanträge würden ja sowieso meist negativ beschieden und in der Wartezeit bis zum Erhalt der Entscheidung ginge es vor allem darum, Sozialleistungen »abzugreifen«. Die Schutzquote in Deutschland, also die Anträge, die positiv beschieden werden, betrug 2014 31,5 Prozent. Diese Quote berechnet sich aus der Anzahl der Asylanerkennungen, der Flüchtlingsanerkennungen, der Gewährungen von subsidiärem Schutz und der Feststellungen eines Abschiebungsverbotes bezogen auf die Gesamtzahl der Entscheidungen im betreffenden Zeitraum.

**Schutzquoten in Deutschland 2005–2014**

| Jahr | Gesamt-schutzquote | Jahr | Gesamt-schutzquote |
|------|--------------------|------|--------------------|
| 2005 | 6,5 % | 2010 | 21,6 % |
| 2006 | 6,3 % | 2011 | 22,3 % |
| 2007 | 27,5 % | 2012 | 27,7 % |
| 2008 | 37,7 % | 2013 | 24,9 % |
| 2009 | 33,8 % | 2014 | 31,5 % |

(Quelle: BAMF 2014)

Um ein zutreffendes Bild zu erhalten, sollte man die Anträge herausnehmen, die aus formalen Gründen (häufig wegen einer »Dublin«-Überstellung) nicht bearbeitet werden – von

2010 bis 2015 waren das zwischen 21,9 und 36,7 Prozent. Wenn man dann nur noch bewilligte und abgelehnte Anträge gegenüberstellt, erhöht sich die Quote der bewilligten Anträge 2014 auf etwa 45 Prozent.

Der weitaus größte Teil der angenommenen Antragsteller bekommt einen Status als Kriegsflüchtling zugesprochen, wie etwa die meisten Syrer. Zwischen Januar und April 2015 wurden nur drei der mehr als 20 000 Asylanträge von syrischen Flüchtlingen als unbegründet abgelehnt. Die übrigen Antragsteller erhalten subsidiären Schutz bzw. dürfen nicht abgeschoben werden. Subsidiären Schutz bekommt eine Person, wenn sie stichhaltige Gründe für die Annahme vorgebracht hat, in ihrem Herkunftsland durch Todesstrafe, Folter oder Krieg und dessen Folgen bedroht zu sein. Vor Abschiebung geschützt sind auch Antragsteller, die ernsthaft erkrankt sind und in ihrem Ursprungsland nicht adäquat behandelt werden können, sodass eine Verschlechterung der Krankheit zu erwarten ist.

## Die Kampagnen gegen Asylbewerber in den 1990er Jahren

Bis in die späten 1970er Jahre kamen vergleichsweise wenige Flüchtlinge in die Bundesrepublik. Sie stammten überwiegend aus afrikanischen und asiatischen Ländern sowie aus der Türkei. Später stellten die so genannten Ostblockflüchtlinge aus Mittel- und Osteuropa die größte Zuwanderergruppe. Ihr Anteil erreichte 1988, kurz vor dem Zusammenbruch der Sowjetunion und der mit ihr verbündeten Staaten, einen Höchstwert von 69 Prozent.[13] Nach dem Fall des Eisernen Vorhangs Anfang der 1990er Jahre stieg die Zahl der europäischen Flüchtlinge deutlich an – vor allem wegen des Bürgerkriegs im zerfallenden Vielvölkerstaat Jugoslawien. 1990 kamen 193 000, 1991 256 000 und 1992 schließlich über 438 000 Asylbewerber nach Deutschland. Eine massive und polemische Diskussion über das Selbstverständnis der neuen, größeren Bundesrepublik Deutschland entbrannte, die mehrere Jahre anhalten sollte. Deutschland sei kein Einwanderungsland, ein Zuzug von Hunderttausenden Flüchtlingen sei unerträglich – mit dieser Behauptung wehrte die CDU/FDP-Koalition alle Forderungen nach einem Einwanderungsgesetz ab. Im Gegenteil. Je mehr Flüchtlinge bei den Erstaufnahmeeinrichtungen Schlange standen, desto schriller wurden die Töne. Der Grund allen Übels sei das viel zu liberale Asylgesetz, das Lügner und Betrüger anlocke, die von den hohen Sozialleistungen in Deutschland profitieren wollten. Das linke politische Spektrum formulierte seine Vision einer multikulturellen Gesellschaft, in der die Kriterien einer Zuwanderung jedoch recht vage blieben.[14]

Die *BILD-Zeitung* heizte die politische Kampagne massiv an. In einer Serie mit dem Titel »Asylanten in Hamburg – wohin?« berichtete das Boulevardblatt beispielsweise von den angeblichen Tricks der »Asylbetrüger«: »Mit orientalischer Leidenschaft breiten Ausländer weitschweifige Lügenmärchen von angeblicher Verfolgung aus. Wer sich darüber

empört, wird schnell als Rassist und Faschist abgestempelt –
und schweigt künftig […]. Je länger das Verfahren dauert,
umso genauer wissen sie, wie man sich zum politischen
Märtyrer hochfrisiert. Aber kein Ausländer muss sofort
Asyl beantragen. Er kann warten, bis man ihn erwischt. Als
Schwarzarbeiter. Als Dieb. Als Drogenhändler.«[15]

CDU-Generalsekretär Volker Rühe verschickte an die Kom-
munalpolitiker seiner Partei eine »Argumentationshilfe«,
um die SPD in der Asylpolitik anzugreifen. Mit Musteranfra-
gen sollten die Bedrohungen durch Asylbewerber heraus-
gearbeitet werden. Auch gelte es, Fälle in die Öffentlichkeit
zu bringen, bei denen Asylbewerber staatliche Leistungen
unberechtigterweise mehrfach in Anspruch genommen hätten. Die *Süddeutsche Zeitung* kommentierte diese Kampagne
so: »Jetzt weiß man endgültig, wie man generalstabsmäßig
Neid und Wut produziert. Und wenn dann bei einer Horde
Wirrköpfen […] aus Neid Hass wird, stehen die Generalstäb-
ler betroffen da und wundern sich über die plötzlich ausge-
brochene Gewalt.«[16]

Rühes Berliner Parteifreund Klaus-Rüdiger Landowsky
setzte noch eins drauf. Er beschwerte sich über die Ausländer, die »bettelnd, betrügend, ja auch messerstechend durch
die Straßen ziehen, festgenommen werden und nur, weil sie
das Wort Asyl rufen, dem Steuerzahler in einem siebenjäh-
rigen Verfahren auf der Tasche liegen«.[17] Aber auch Sozial-
demokraten heizten die Stimmung an. Der SPD-Fraktions-
vorsitzende im nordrhein-westfälischen Landtag, Friedhelm
Farthmann, schlug vor: »Prüfung des Antrags so schnell wie
möglich, gegebenenfalls Überprüfung durch einen Einzel-

richter an Ort und Stelle – und dann an Kopf und Kragen packen und raus damit.«[18]

In dieser aufgeheizten Stimmung nahmen 1991 rassistische und ausländerfeindliche Straftaten deutlich zu. In Hoyerswerda belagerten überwiegend Jugendliche über Tage ein Ausländerwohnheim und versuchten es zu stürmen. Schließlich räumte die Polizei das Gebäude. Einen Monat später mussten vier Flüchtlingskinder im westfälischen Hünxe nach einem Brandanschlag mit schweren Verbrennungen in ein Krankenhaus eingeliefert werden. Die Zahl der Übergriffe auf Ausländer stieg bis auf 78 an einem einzigen Tag.

1992 machte das Pogrom in Rostock-Lichtenhagen auf der ganzen Welt Schlagzeilen, als zeitweise mehr als 1000 Jugendliche versuchten, ein Wohnheim für Ausländer und Asylbewerber zu stürmen. Auch hier musste die Polizei das Haus unter dem Druck des Mobs räumen. Schließlich der Brandanschlag von Mölln im November 1992 mit drei Toten und der Anschlag von Solingen im Mai 1993, bei dem fünf Menschen starben und 14 weitere Familienmitglieder teilweise schwerste Verbrennungen erlitten.

Zu diesem Zeitpunkt hatte die SPD schon nachgegeben und den Weg zu einer Grundgesetzänderung frei gemacht. Im »Asylkompromiss« reduzierte der Bundestag das Asylrecht erheblich. Seit Juli 1993 darf nur noch einen Antrag auf Asyl stellen, wer auf direktem Wege nach Deutschland eingereist ist und bei seiner Einreise keinen sicheren Nachbarstaat durchquert hat. De facto gilt dies für alle auf dem Landweg eingereisten Asylbewerber. Entsprechend stark ging die Zahl der Asylbewerber viele Jahre lang zurück. 2007 stellten nur noch 19 164 Menschen einen Erstantrag auf Asyl in Deutschland.

Aber wie man heute weiß, richtet sich die Not der Flüchtlinge nicht nach der deutschen Gesetzgebung. Die Menschen kommen trotzdem.

## Ambivalente Stimmung in Deutschland heute

War die Stimmung zu Beginn der 1990er Jahre von Ablehnung, Hass und gezielten Kampagnen gegen Asylbewerber und Ausländer im Allgemeinen geprägt, ist die Situation heute bisher deutlich positiver. Viele Kommunen engagieren sich stark für Flüchtlinge, Tausende Ehrenamtliche investieren ihre Freizeit, um den fremden Alltag in Deutschland für die Neuankömmlinge erträglicher zu machen. Unterstützergruppen, die sich Facebook und andere soziale Netzwerke zunutze machen, zählen in Hamburg Tausende Mitglieder. Hilfsorganisationen können kaum die vielen Kleider- und Sachspenden bewältigen. Demonstrationen machen deutlich, wie viele Menschen in Deutschland die Rechte von Asylbewerbern verteidigen, auch die *BILD-Zeitung* berichtet differenzierter.[19] Viele Politiker versuchen, sachlich mit der Herausforderung umzugehen und immer wieder neue Unterbringungsmöglichkeiten bereitzustellen. Der fehlende Wohnraum für die Neuankömmlinge ist zurzeit das größte Problem. So nimmt im Juli in München ein neues Ankunftszentrum seine Arbeit auf, ausgelegt für ca. 350 Ankommende täglich. Seit Wochen treffen aber täglich 400 bis 600 Menschen ein. Die Dortmunder Erstaufnahme wurde im Juli 2015 wegen Überfüllung geschlossen.[20] In Hamburg kampieren bis zu 1200 Flüchtlinge in den Messehallen.

Die angespannte Situation versuchen militante Ausländerfeinde für ihre Zwecke zu nutzen. Der Verfassungsschutz verzeichnet 2014 mit 512 Ereignissen die höchste Zahl an Gewalttaten mit ausländerfeindlichem Hintergrund seit der Einführung des geltenden Definitionssystems 2001.[21] Darunter sind auch 170 Straftaten gegen Asylbewerberunterkünfte.[22] Diese Tendenz setzt sich fort. Allein in den ersten sechs Monaten des Jahres 2015 verzeichnete man 178 Anschläge gegen Unterkünfte. Wer solche Straftaten begeht, kann sich relativ sicher fühlen. Nur ein Fünftel von ihnen wurde bisher aufgeklärt.[23]

Rechtsextreme Internetplattformen verbreiten hasserfüllte Statements: »Es müsste eigentlich mehr Untergrundkämpfer geben. Die Asylanten müssten in ständiger Angst leben. Es müssten immer wieder Anschläge passieren. Ich denke, einige würden sich dann überlegen, ob sie hierher kommen.« – »Warum muss ich nach dem Lesen dieser Nachrichten dauernd an Heckler & Koch denken? Um den Negern ein heimatliches Gefühl zu vermitteln, sollte indes ein Autoreifen mit etwas Holz darin genügen.« – »Ich habe gar kein Interesse daran, dass sich diese Neger ergeben. Signalwirkung ist alles. Deshalb keine halben Sachen, sondern das Gebäude schlicht und einfach ohne Vorwarnung einebnen.«[24]

Im Juli 2015 wird täglich mindestens ein Anschlag auf eine Asylbewerberunterkunft gemeldet. Überall in Deutschland werden Unterkünfte beschmiert, brennen Häuser, die für Asylbewerber bestimmt sind.[25] Damit sich keine Pogrom-Stimmung wie zu Beginn der 1990er Jahre breitmacht, hängt viel vom Verhalten der Politiker der Mitte ab. Insofern ist es verantwortungslos, wenn etwa Bayerns Ministerpräsident Horst Seehofer (CSU) derzeit in alte populistische Sprachmuster zurückfällt: »Es geht auch um massenhaften Asylmissbrauch [...]. Die EU-Kommission, die sich ja so intensiv um unsere Maut kümmert, sollte sich in gleichem Ausmaß lieber mal um den Schutz von Europas Grenzen bemühen.«[26]

Ganz offen leisten einige CDU-Politiker in Sachsen Ausländerfeindlichkeit Vorschub. Der sozialpolitische Sprecher der CDU-Landtagsfraktion, Alexander Krauß, zeigte Verständnis für die Proteste gegen ein Asylbewerberheim in Schneeberg: »Wer keine Papiere hat oder seinen Namen vergessen hat, sollte sofort im Gefängnis untergebracht werden [...]. Ein Aufenthalt hinter Gittern fördert die Gedächtnisleistung enorm.«

Uwe Rumberg, CDU-Fraktionsvorsitzender und zukünftiger Bürgermeister von Freital bei Dresden, wo es wochenlang – teilweise auch gewalttätige – Auseinandersetzungen um die Unterbringung von Asylbewerbern in der Stadt gab, sprach im Zusammenhang mit Asylsuchenden von »Glücksrittern, die nach Deutschland kommen, um auf Kosten der Gemeinschaft ein sorgloses Leben ohne Gegenleistung zu führen«.[27]

Solche Äußerungen waren Wasser auf die Mühlen von Gegnern der geplanten Unterkunft, die mit rassistischen Parolen gegen Flüchtlinge demonstrierten. Aber auch in dieser aufgeheizten Atmosphäre zeigten viele Menschen in Freital Rückgrat und unterstützten öffentlich die Belange der Flüchtlinge.[28]


## Das erste Jahr der Kolazars in Deutschland

Krumbach im bayrischen Schwaben, ein Städtchen zwischen Günzburg und Memmingen. 5000 Einwohner, ein paar Biergärten, Kirchen – und 150 Asylbewerber. 30 von ihnen leben in einem Zweifamilienhaus. Unter ihnen auch die Kolazars, die im April 2014 als syrische Kontingentflüchtlinge aus Beirut kamen. Wie ist es ihnen in ihrem ersten Jahr in Deutschland ergangen?

Nach zwei Wochen im Auffanglager Friedland wurde die Familie nach Krumbach »umverteilt«. Warum gerade dorthin? Emat Kolazar hebt ratlos die Schultern, er weiß es nicht. Seine Cousine lebt in Oldenburg bei Bremen, das hatte er schon bei den Befragungen in Beirut angegeben, als er über die familiären Verbindungen in Deutschland Auskunft geben sollte.

Die Kolazars leben in zwei Zimmern des Krumbacher Übergangsheims. In einem Zimmer schlafen die drei Kinder Carlos, 15, Christina, 9, und Christian, 8 Jahre alt, in zwei großen Betten. Im Wohnzimmer legen Emat und Nala jeden Abend Matratzen aus, um dort die Nacht zu verbringen. Drei weitere Familien leben ebenfalls in dem Haus. Alle teilen sich eine Küche von etwa acht Quadratmetern und eine

Waschmaschine. Die Waschmaschine hat mehrere Monate lang nicht funktioniert. Trotz mehrfacher Hinweise der Hausbewohner kam niemand zur Reparatur. Eine zweite Maschine, die zur Reserve im Keller stand, durfte nicht in Betrieb genommen werden. Wieso? Keiner der Hausbewohner weiß es.

»Das ist das große Problem in diesem Haus, dass wir vieles nicht erklärt bekommen«, regt sich Emat auf.[29] Die für sie zuständige Sachbearbeiterin sei zu selten erreichbar, sie verstünden viele ihrer Entscheidungen nicht. Er kann sich nur mit Hilfe eines Dolmetschers verständlich machen. Obwohl er seit 14 Monaten in Deutschland lebt, haben er und seine Frau Nala bis heute an keinem Deutschkurs teilgenommen. Mehrmals hieß es, der Kurs wäre belegt. Ein Kurs kam nicht zustande, weil sich zu wenige Teilnehmer meldeten. Jetzt soll das Ehepaar an einem Deutschkurs der Kinder teilnehmen dürfen, eine Stunde pro Woche. Wie soll man so eine Sprache lernen?

Die Wohnung sei das große Problem, meinen sie: Die Haustür wie auch die Wohnungstür dürfen nicht abgeschlossen werden – eine Anordnung der Behörde. Begründung: Wenn es brennt, könnten sich die Bewohner nicht auf Deutsch verständigen, und daher müsste ständig freier Zugang gewährleistet sein. Die Konsequenz für die Bewohner: Sie haben keinen Rückzugsort, wissen nie, ob gleich ein Nachbar oder gar jemand Fremdes in die Wohnung kommt. Das ist tatsächlich schon passiert. An einem frühen Sonntagmorgen, als die Kolazars noch schliefen, stand plötzlich, ohne zu klopfen, ein Mann im Schlafzimmer der Eltern und begann kommentarlos, etwas zu reparieren: »Es gab keinerlei Entschuldigung oder Erklärung, wir hatten das so hinzunehmen.«

Auch für die Kinder ist die Situation schwierig. Ständig kommen die kleinen Kinder der Nachbarn herauf, um zu spielen oder fernzusehen. Hausaufgaben zu erledigen in diesem Durcheinander, ist besonders für den kleinen Christian kaum zu bewerkstelligen: »Inzwischen ruft die Schule jeden zweiten Tag an und drängt uns, Christian auf die Förderschule zu geben. Aber wir wollen das nicht, weil wir glauben, dass alle unsere Kinder ganz normal intelligent sind. Wir haben eher den Eindruck, dass die Lehrer nicht damit klarkommen, dass unsere Kinder noch nicht so gut Deutsch sprechen.«

Mohamad al Haddah und Cesur Tag, zwei syrischstämmige Deutsche, die in Krumbach leben, haben zufällig von den Kolazars erfahren und helfen, wo sie können. Cesur Tag ist in der Gegend aufgewachsen, das ist bei seinem breiten Schwäbisch nicht zu verkennen. Er erledigt viele Behördengänge für die Familie und ist auch mit den Schulen in ständigem Kontakt: »Mein Eindruck ist, dass die Lehrerinnen mit den Kindern einfach nichts anfangen können und sie quasi abschieben wollen. Sie wollen ihren Stoff durchziehen, und da stören Kinder, die nicht perfekt Deutsch sprechen.«[30]

Christian würde zudem gemobbt: »Eines Tages bekam ich einen Anruf, Christian habe eine Brotbox gestohlen. Nach einem Anruf bei seiner Mutter erklärte ich der Schulleitung: Christian ist mit so einer Brotbox in die Schule geschickt worden, da muss es zwei von der Sorte geben. Nein, das könne nicht sein, die Box würde jetzt bis zur Klärung der Geschichte bei der Schulleitung verwahrt. Eine ganze Zeit später kam dann immerhin der Anruf, es habe sich erledigt, die zweite Box habe sich gefunden. Ich hatte den Eindruck, dass man Christian und der Familie einfach nicht geglaubt hat.«

Christina geht nicht mehr so gerne zur Schule wie am Anfang: »Ich habe Freundinnen, aber manchmal kommt jemand und sagt, du Flüchtling oder du Ausländer, das finde ich gemein.«

Der zweite »Familienhelfer« Mohamed al Haddah lebt seit acht Jahren in Krumbach, er ist als Statiker bei einem Vermessungsbüro mit Kunden im arabischsprachigen Raum angestellt: »Die Leute hier haben bisher kaum mit Ausländern zu tun gehabt. Sie sind sehr unerfahren. Wenn man das Glück hat und wird in einer größeren Stadt untergebracht, gibt es eine bessere Infrastruktur, man trifft vielleicht Landsleute, das ist leichter.«[31]

Emat Kolazar und seiner Frau setzen die großen Schwierigkeiten sichtbar zu. Beide sind seit einigen Wochen krank, Nala hat ständig Kopfschmerzen, bei Emat wurde ein Magengeschwür diagnostiziert. Wegen seiner anhaltenden Herzbeschwerden war er schon mehrfach im Krankenhaus: »Die Wohnung, wenn wir wenigstens aus dieser Wohnung rauskämen. Aber wenn wir uns bei einem Vermieter vorstellen und er hört, dass wir Hartz IV beziehen, dann heißt es, da gibt es schon andere Nachfragen. Aber zwei Wochen später steht die Wohnung immer noch in der Zeitung.«

Die Kolazars – verfolgte Christen, die kein Marienbild in ihrer Wohnung aufhängen dürfen, weil man ihnen verbietet, einen Nagel in die Wand zu schlagen. Die keine Chance ha-

ben, Arbeit zu finden, weil sie immer noch keinen Deutschkurs besuchen konnten. Die ihre Verwandten nicht besuchen können, weil es zu teuer ist, mit dem Zug 700 Kilometer
von Krumbach nach Oldenburg zu fahren. Diese Familie haben deutsche Beamte gemeinsam mit dem UNHCR in einem
wochenlangen Prozess ausgewählt, nach Deutschland zu
kommen. In einem Vorbereitungskurs lernten sie, sich auf
die deutsche Kultur einzustellen. In einem Direktflug ging
es dann von Beirut nach Hannover. Wozu dieser Aufwand,
wenn sie dann hier alleingelassen werden?

## Schwieriger Start

Wenn Flüchtlinge in Deutschland ankommen, wünschen sie
sich, möglichst bald zu wissen, welche Perspektiven sie in
unserem Land haben. Dazu gehört zuallererst die Klärung
ihres Status. Wird ihr Asylbegehren anerkannt? Werden sie
als Flüchtling eingestuft? Bekommen sie subsidiären Schutz,
oder werden sie abgelehnt und müssen mit ihrer baldigen
Abschiebung rechnen? Im nächsten Schritt muss eine eigene Wohnung gesucht, müssen die Kinder in der Schule an-
gemeldet und muss – nach dem Sprachkurs – eine Arbeit
gefunden werden. Das alles dauert meist viel länger als bei
den Kolazars, die als Kontingentflüchtlinge das Anerkennungsverfahren schon vor ihrer Ankunft in Deutschland
absolviert hatten. Seit November 2014 müssen Asylbewerber
drei Monate warten, bevor sie eine Arbeitsstelle antreten

dürfen. Allerdings muss diese Stelle schon seit 15 Monaten ausgeschrieben sein und sich weder ein Deutscher noch ein EU-Staatsangehöriger für die Stelle beworben haben. All das macht den Einstieg ins Berufsleben enorm schwer. Dabei ist die Bedeutung von Arbeit für Flüchtlinge nicht zu überschätzen, wie der »Ausschuss für Migranten, Flüchtlinge und displaced persons« der Parlamentarischen Versammlung des Europarates feststellte: »Finden Asylsuchende und Flüchtlinge erfolgreich Arbeit, dann nützt das den Aufnahmegesellschaften. Der Staat muss weniger für soziale Unterstützung ausgeben [...]. Arbeit hilft das Selbstwertgefühl wieder herzustellen. Arbeit ist entscheidend für menschliche Würde, sie erleichtert die Gesundung nach traumatischen Erlebnissen, sie ermöglicht die finanzielle Unabhängigkeit.«[32]

Die größte Hürde liegt in der Länge der Anerkennungsverfahren – im Schnitt dauern die Verfahren etwa sieben Monate, für Asylsuchende aus einzelnen Ländern wie Afghanistan brauchen Sachbearbeiter aber zum Beispiel 16,5 Monate. Das liegt nicht nur an der erhöhten Anzahl der Anträge, sondern vor allem an der Unterbesetzung der Entscheiderstellen im Bundesamt für Migration und Flüchtlinge.[33] Die Folge: Ende 2014 lagerten über 221 000 unbearbeitete Anträge beim Bundesamt – bei 202 000 Neuanträgen. Nur knapp 130 000 Anträge wurden in diesem Zeitraum entschieden.[34] Auch im europäischen Vergleich wird deutlich, dass Deutschland in der Bearbeitung der Anträge hinterherhinkt. Schweden verzeichnet bei über 81 000 Anträgen 2014 lediglich ca. 54 000 unbearbeitete Anträge, Italien bei etwa 64 600 Anträgen etwa 45 700.[35]

Für die Antragsteller, besonders junge Menschen, ist die Situation extrem frustrierend. Sie wollen die Sprache lernen, sich integrieren und arbeiten und müssen viele Monate auf den Bescheid des Bundesamtes warten. In dieser Zeit erhalten sie Sozialleistungen und müssen in Gemeinschaftsunterkünften leben, was ihnen wiederum von Teilen der deutschen Öffentlichkeit und Politik angelastet wird.

## Die Suche nach Arbeit

37,4 Prozent aller Asylanträge stammten 2014 von Flüchtlingen aus Albanien, Mazedonien, Bosnien und Herzegowina, dem Kosovo und Serbien. 99 Prozent dieser Anträge werden abgelehnt, sei es, weil Herkunftsländer wie Bosnien und Herzegowina als sicher gelten, sei es, weil die Menschen nicht plausibel machen können, dass sie politisch verfolgt werden.[36] Das macht keinen Sinn. Während der monatelangen Verfahren leben Tausende Flüchtlinge vom Westbalkan in Erstaufnahmeeinrichtungen, die sowieso schon an den Grenzen ihrer Aufnahmekapazität sind. Alle wissen, dass sie nach der Ablehnung ihres Antrags das Land verlassen müssen. Sie suchen in aller Regel auch kein Asyl, sondern Beschäftigung. Sie leben in Armut und haben in ihrer Heimat keine Perspektive. Solche Gründe spielen aber im Asylverfahren keine Rolle.

In den 1960er bis Anfang der 1970er Jahre holten die Deutschen mit Anwerbeabkommen Millionen »Gastarbeiter« ins

Wirtschaftswunderland. Seitdem ist es viel schwieriger geworden, »nur« wegen einer Arbeit nach Deutschland zu kommen, wenn man nicht aus einem EU-Staat stammt. Da Menschen aus Afrika, Asien oder dem Westbalkan in der Regel kein Visum für die EU erhalten, beantragen sie eben Asyl und können dann eine Weile in Deutschland bleiben.

Politiker wie der niedersächsische Innenminister Boris Pistorius (SPD) plädieren daher schon lange für ein Einwanderungsgesetz, in dem diese Widersprüche aufgelöst werden: »Unser Problem in Deutschland und insgesamt in Europa ist, dass wir keine gesteuerte Zuwanderungspolitik haben und wir jeden, der zu uns kommt, schon mangels Alternative ins Asylverfahren zwingen. Der Flüchtling hat nur die Möglichkeit, Asyl zu beantragen, egal, auf welchem Weg und aus welchen Gründen er hergekommen ist. Das ist das eigentliche Dilemma: Wir zwingen also auch Leute, die nur bei uns arbeiten wollen, ins Asylverfahren – und wenn das erst mal läuft, dürfen sie genau das nicht, nämlich arbeiten. So erschweren wir es ihnen, sich schnell zu integrieren.«[37] Eine solche Einwanderungspolitik müsse mit einer Entwicklungspolitik einhergehen, die langfristig die Ursachen dieser aus Armut verursachten Flüchtlingsströme bekämpft: »In vielen afrikanischen Regionen ist schlicht die Not, die Verelendung, die mangelnde Zukunftsperspektive Grund für die Flucht. Da muss sich die gesamte westliche Welt, nicht nur die EU, fragen lassen: Was tun wir eigentlich in Afrika, um die Fluchtursachen zu beseitigen? Wir werden die Probleme der Welt nicht dadurch lösen, dass wir alle Menschen aus allen Regionen hier in Europa aufnehmen. Daher muss es zusätzlich eine moderne Entwicklungspolitik geben, die die Ursachen bekämpft.«[38]

Seit einigen Monaten gibt es auch in der CDU Überlegungen, das jahrzehntelang zum Tabu erklärte Thema Einwanderungsgesetz anzugehen.[39] Das ist ein überfälliger Schritt hin zu einer rationalen Auseinandersetzung mit der Tatsache, dass Deutschland faktisch längst ein Einwanderungsland geworden ist.

Zu welchen bürokratischen Verrenkungen unsere Asylgesetzgebung führen kann, zeigt folgender Fall aus Bayern: Eine ukrainische Familie war vor dem Krieg aus der Ostukraine geflohen. Da die Großmutter im Zweiten Weltkrieg als Zwangsarbeiterin lange auf einem bayrischen Hof gearbeitet und jahrzehntelang Kontakt zu dieser Bauernfamilie gepflegt hatte, haben sie dort jetzt Zuflucht gefunden. Die Familie kann nicht in die Ukraine zurück, das Dorf, in dem sie gelebt hat, ist umkämpft, dort sind sie nicht mehr sicher. Die Kinder finden sich gut in der Schule zurecht, der Vater – eigentlich Radioingenieur – kann als Elektriker arbeiten, eine Wohnung steht zur Verfügung. Im Grunde ist der Zuzug nach Bayern für alle Beteiligten positiv: Deutschland gewinnt einen hoch qualifizierten Elektriker, die Familie ist gesichert und versorgt.

Aber der Aufenthalt der Familie ist irregulär, wie Landratsamt und Staatsregierung feststellen. Sie müsste Asyl beantragen, um bleiben zu können. Das bedeutet den Umzug in eine staatliche Unterkunft – die Kosten dafür müssten dann die Gastgeber tragen. Die Familie würde also ins Asyl gedrängt, wobei ihr Antrag wohl abgelehnt würde, weil die Familie ja in die Westukraine umziehen könnte, wo nicht gekämpft wird. Die einzige Alternative, die bliebe: Die Familie kehrt ins Heimatland zurück und stellt von dort aus einen Antrag auf ein Arbeitsvisum.[40] Ein fast aussichtsloses Unterfangen. In aller Regel erhalten nur hoch qualifizierte Arbeitnehmer, die schon einen gut dotierten Anstellungsvertrag vorweisen können, die Erlaubnis, nach Deutschland zu kommen und dort zu arbeiten. Nur Staatsangehörige einiger weniger Länder, wie Kanada oder den USA, dürfen zunächst nach Deutschland einreisen und sich erst dann einen Job suchen.[41]

## Positive Perspektiven

Es gibt aber auch ermutigende Initiativen und Projekte für Flüchtlinge und Asylsuchende. Eine Idee, die schon seit 2012 in den Hansestädten Hamburg und Bremen Anwendung findet, ist die Betreuung von Flüchtlingen durch die Allgemeine Ortskrankenkasse (AOK). Anderswo in Deutschland muss das Sozialamt jeden Arztbesuch genehmigen, dort entscheiden dann medizinische Laien über die Frage, ob ein Flüchtling von einem Arzt untersucht wird oder nicht. Hamburg und Bremen müssen zwar weiter für die Behandlungskosten aufkommen. Aber sie müssen keinen teuren Verwaltungsapparat mehr unterhalten und sparen so mindestens eine Million Euro jährlich. Für Flüchtlinge und Asylbewerber bedeutet das: Sie können einfach dann zum Arzt gehen, wenn sie sich krank fühlen. So wie jeder andere Mensch in Deutschland auch.[42]

Und in Schwandorf in Oberbayern hat man die Integration von jungen Flüchtlingen in das deutsche Schulsystem so gut wie fast nirgendwo sonst in Deutschland organisiert. Zwischen 18 und 25 Jahre alte Flüchtlinge, die im Asylverfahren stecken, müssten wegen ihrer Volljährigkeit nicht mehr zur Schule gehen. Die meisten wollen aber unbedingt, dürfen jedoch in vielen Bundesländern nicht. Auch Integrationskurse sind für sie tabu, solange ihr Status nicht geklärt ist, unter Umständen ein langwieriges, vielleicht jahrelanges Verfahren. Ein Integrationskurs bietet aber die Chance, Deutsch zu lernen. Ein Viertel aller Flüchtlinge, die 2013 in Deutschland ankamen, gehört zu dieser Gruppe. Die meisten von ihnen sind in ihrem Heimatland zur Schule gegangen, viele haben eine Ausbildung oder studiert.[43]

In Bayern sollen ab September 2015 alle 18 bis 25 Jahre alten Flüchtlinge zwei Jahre lang eine Berufsschule besuchen, egal, ob sie eine Aufenthaltsgenehmigung haben oder nicht. Danach bekommen sie ein Abschlusszeugnis, und wer die Prüfung besteht, auch einen qualifizierten Hauptschulabschluss.

Das ist ein in Deutschland einmaliges Modell. Damit stellt das bayrische Bildungsministerium die Chance zur Integration der Flüchtlinge in den Vordergrund. Aber es gibt wohl auch einen anderen, ganz praktischen Grund: 2014 bleibt in Bayern jeder vierte Ausbildungsplatz unbesetzt. Zwar können Asylsuchende theoretisch auch während einer Ausbil-

dung abgeschoben werden, aber die bayrischen Ausländer-
behörden haben die Order, das zu unterlassen.[44]

## Vorbild Schweden

Die ukrainische Familie, die in Deutschland vor unlösbaren
Problemen steht, obwohl sie von Anfang an so gut integriert
war, hätte in Schweden eine hervorragende Perspektive. Die
dortigen Asylgesetze sehen vor, dass abgelehnte Asylbewerber im Land bleiben dürfen, wenn sie einen Job nachweisen
können, der nach Tarif bezahlt wird. Auch der Familien-
nachzug ist kein Problem. Jeder anerkannte Flüchtling darf
seine Angehörigen nachholen. Zudem waren die Anerkennungsverfahren in den letzten Jahren im europäischen Vergleich kurz. Kein Wunder, dass Schweden für viele Flüchtlinge trotz seiner Randlage und seines gewöhnungsbedürftigen
Klimas ganz oben auf der Liste der Zielländer stand. Aber
auch Schweden muss der Tatsache Tribut zollen, dass in den
letzten Jahren Zehntausende Flüchtlinge ins Land strömen
und die bisherigen Kapazitäten langsam ausgeschöpft sind.

Inzwischen warten Asylbewerber auch hier sechs Monate
darauf, zum ersten Mal angehört zu werden[45], weitere vier
Monate dauert es, bis die Einwanderungsbehörde ihnen
eine Entscheidung mitteilt. Auch wenn der Bescheid positiv
ausfällt, sitzen die Flüchtlinge oft in den Aufnahmezentren
fest – es werden ihnen zu wenige Wohnungen angeboten. In
Schweden ist es Gemeinden freigestellt, ob sie Flüchtlinge

aufnehmen wollen. Gerade die reicheren in Südschweden zeigen hier wenig Bereitschaft.

Nicht so Södertälje, eine Industriestadt, rund eine Autostunde südlich von Stockholm gelegen. Die Gemeinde steht paradigmatisch für das Positive und das Problematische der schwedischen Flüchtlingspolitik. Seit den 1960er Jahren bildete die Stadt einen Anziehungspunkt für Einwanderer, der Lkw-Produzent SCANIA hat hier seine Heimat genauso wie das Pharmaunternehmen Astra-Seneca. Arbeit gab es reichlich. Seit den 1980er Jahren kamen viele Flüchtlinge, besonders aramäische Christen aus Syrien. Ein großes, modernes Gemeindezentrum um eine orthodoxe Kirche kündet von dem wirtschaftlichen Erfolg vieler der etwa 20 000 Syrer, die inzwischen in Södertälje leben. Die kaufkräftigen Einwanderer sind in der Region ein Wirtschaftsfaktor. Das Erscheinen zum assyrischen Neujahrsfest, das im Frühjahr gefeiert wird, gehört für viele schwedische Politiker zum Pflichtprogramm. Auch Erik Ullenhag, bis 2014 Integrationsminister und derzeit Vorsitzender der Liberalen Partei Schwedens, demonstriert seine Verbundenheit mit den syrischen Einwanderern in Zeiten der Krise. Er kämpft dafür, dass Schweden seine liberale und weltoffene Linie in der Asylpolitik beibehält: »Ich bin stolz darauf, dass wir in Schweden Verantwortung für Asylsuchende übernehmen. Wir bieten Menschen aus Syrien unbegrenzten Aufenthalt. Das ist nicht nur unter humanitären Gesichtspunkten wichtig, sondern es fördert auch die Integration. Wir sagen: Gut, wenn du Asyl in Schweden bekommst, dann wollen wir, dass du hier auch eine Zukunft hast.« Er würde gerne noch viel mehr Menschen eine Zuflucht in Europa anbieten: »Zunächst einmal wollen wir andere europäische Länder davon überzeugen, höhere Quoten von Flüchtlingen zu akzeptieren. Wenn sich unsere Nachbarn da ans schwedische Vorbild halten würden, könnten wir sofort weitere 100 000 Menschen aus den Flüchtlingscamps holen. Mittelfristig müssen wir auch über Visa für Asylsuchende nachdenken. Schließlich ist es praktisch unmöglich, legal nach Europa zu kommen. Und daher rühren Katastrophen wie die von Lampedusa.«

Södertäljes Bürgermeisterin Boel Godner ist ebenfalls unter den Gästen. Sie steht dazu, dass ihre Stadt mit 90 000 Einwohnern Heimat für Menschen aus 80 Nationen geworden ist. Der Wohnraum ist zwar inzwischen knapp, die Arbeitslosigkeit die zweithöchste im Land, weil viele Einwanderer zunächst keine Arbeit finden: 28 Prozent haben keinen Job. Aber was ist die Alternative?, fragt sie. Die Leute nicht nach Södertälje kommen lassen? Das ist für sie keine Option. Und trotz aller momentanen Schwierigkeiten ist sie stolz auf ihre Bilanz: »Wir kriegen jedes Kind in die Schule. Niemand muss draußen frieren oder hungern. Gemessen an unseren Mitteln, ist das eine Menge.«[46]

Nach Södertälje strömen auch deswegen nach wie vor syrische Flüchtlinge, weil es in Schweden genügt, eine Adresse anzugeben, bei der man unterkommen kann. So werden Netzwerke genutzt und vergrößert. Aber die Situation in der Stadt wird dadurch nicht einfacher: »Das nützt niemandem, wenn hier immer mehr Arbeitslose leben, das ist ein schlechter Start«, hofft Boel Godner auf eine Neujustierung der Politik.

Chamoun Zitou hat noch Glück gehabt und vom Netzwerk der aramäischen Christen in Södertälje profitiert. 2012 floh er aus dem Bürgerkrieg hierher und arbeitet inzwischen als Techniker beim Fernsehsender der aramäischen Gemeinde. Im Frühjahr 2014 konnte er seine Frau und seine beiden Kinder aus Syrien herausholen. Sie leben in einem Wohnblock etwas außerhalb, mitten im Grünen. Die Wohnung ist komplett eingerichtet, das Wohnzimmer, das Schlafzimmer, überall liegt das Spielzeug der beiden Söhne herum: »Wir haben hier 200 Verwandte in der Stadt, da kommt leicht etwas zusammen«, lacht Chamoun Zitou erleichtert. »Jetzt hoffe ich, dass sich meine Familie schnell einlebt. Meine Frau ist in Gedanken die ganze Zeit noch in unserer Heimatstadt, weil ihre Eltern dort immer noch aushalten müssen.«[47]

Die schwedische Einwanderungsbehörde bemüht sich auch unter den immer schwierigeren Bedingungen, den Neuankömmlingen den Start so weit wie möglich zu erleichtern. Persönliche Betreuer beraten im Rahmen eines »Etablierungsprogramms«. Das Ziel: Spätestens nach zwei Jahren soll der Flüchtling entweder einen Job oder eine neue Ausbildung haben.

Das Programm beginnt mit einer zweiwöchigen Einführung in schwedische Geschichte, Gesellschaft und Kultur – möglichst in der Muttersprache der Flüchtlinge. Gleichzeitig läuft die Anmeldung für den Schwedischkurs. Denn erst wer beim SFI, dem »Institut Schwedisch für Einwanderer«, eingeschrieben ist, bekommt Geld – rund 38 Euro für jeden Unterrichtstag. Daneben läuft die intensive Suche nach einem geeigneten Arbeitsplatz.[48]

## »Wir wollen einfach als Sprungbrett dienen.«

Zurück in Deutschland. Zu den verletzlichsten Flüchtlingen gehören Kinder und Jugendliche, die ohne Eltern nach Europa kommen. 2014 stellten 4400 Minderjährige einen Asylantrag in Deutschland, 60 Prozent von ihnen stammen aus drei Ländern: Afghanistan, Syrien und Eritrea.[49] Für sie ist es besonders wichtig, so schnell wie möglich in stabilen Verhältnissen zu leben. Jugendämter sind daher permanent auf der Suche nach Pflegeeltern, die bereit sind, einen Flüchtling bei sich aufzunehmen.

Zu denen, die das gewagt haben, gehören die Beckers, eine Familie, die im Münchner Umland zu Hause ist. Die Beckers haben nicht lange überlegt: »Als wir hörten, dass das Jugendamt händeringend Pflegeeltern für unbegleitete minderjährige Flüchtlinge sucht, haben wir beim Amt angerufen und uns angeboten.« Thomas und Ricarda Becker hatten ein Gästezimmer in ihrem Haus anzubieten. Danach wurde es aber erst einmal kompliziert. Die Beckers mussten einen Fragenmarathon absolvieren, das Amt prüfte sie auf Herz und Nieren. Von den Wohn- über die Eigentumsverhältnisse bis hin zu Gesundheitsattesten – die zuständige Sozialarbeiterin nahm alles gewissenhaft in ihre Formulare auf.

Schließlich suchte man einen jungen Somali aus – Suhaib, 17 Jahre, seit zehn Monaten in Deutschland –, der schon etwas Deutsch und Englisch sprach. Suhaib hatte sich alleine nach Deutschland durchgeschlagen. Obwohl seine Mutter mit den beiden Zwillingsschwestern ebenfalls in Deutschland lebt, war eine Familienzusammenführung bisher nicht zustande gekommen. Die Sozialarbeiterin hielt es für dringend geboten, Suhaib aus der Erstunterbringung in einer Familie unterzubringen. Er schien ihr sehr mitgenommen von seiner Flucht, in das Dreibettzimmer, in dem er seit zehn Monaten lebte, konnte er sich nie alleine zurückziehen.

Bei einem Schnupperwochenende lernten sich Suhaib und die Familie ein wenig kennen. Und das passte so gut, dass die Beckers Suhaib anboten, gleich dazubleiben. Auch die beiden Kinder, Cosima, 16, und Roman, 13, fanden die Idee, einen fremden Jungen bei sich aufzunehmen, spannend.

Aber was macht Suhaib den ganzen Tag? Er geht nicht zur Schule, kennt niemanden außerhalb der Unterkunft, in der er die ganze Zeit gelebt hat, und spricht nur gebrochen Deutsch. Kein Problem, Ricarda Becker organisierte zusammen mit der für Suhaib zuständigen Sozialarbeiterin ein Tagesprogramm: drei mal drei Stunden pro Woche Sprachkurs in der Volkshochschule, ein Fahrrad wurde gekauft, damit Suhaib ins nächste Dorf radeln und dort andere Somalis treffen kann. Außerdem sollte er das Leben einer ganz normalen Familie mit gemeinsamen Mahlzeiten teilen, vielleicht mal einen Abend mit Spielen verbringen oder im Biergarten sitzen.

Leichter gesagt als getan. Der Enthusiasmus der Beckers bekam bald einen ersten Dämpfer, erzählt Ricarda: »Wir konnten nichts klären, was über einfache Alltagsfragen hinausging. Suhaib hat sich zum Beispiel in den ersten Tagen stundenlang in sein Zimmer zurückgezogen. Wir haben versucht herauszubekommen, ob etwas nicht in Ordnung ist – Fehlanzeige. Einmal kam er in mein Zimmer, hat sich mit dem Rücken zu mir hingesetzt und geschwiegen. Ich konnte nicht herausfinden, warum er das tut. Das war anstrengend.«

Für Suhaib war es offensichtlich völlig fremd, dass Männer und Frauen gleichberechtigt miteinander umgehen. In den ersten Tagen richtete er sich nur an Thomas Becker, Ricarda und Cosima schien er zu ignorieren. Dass die Familie vegetarisch lebt, konnte der junge Mann sich auch nur so erklären, dass die Beckers offensichtlich aus religiösen Gründen keine Tiere essen wollten. Da prallten zwei Welten aufeinander.

Und noch eine Ebene beim Zusammenleben mit Suhaib hat die Beckers manchmal sehr aus der Fassung gebracht. Der junge Flüchtling aus Somalia erzählte ab und zu von seiner Flucht. Dass sein Vater von Terrormilizen ermordet wurde, als er ein Jahr alt war. Dass sein Stiefvater ihn nicht mehr aus dem Haus ließ, als er zwölf geworden war, weil er Angst hatte, er würde von den Milizen gezwungen, mit ihnen mitzugehen und Soldat zu werden. Dass er ihnen Narben zeigte von Überfällen von Terrormilizen in Somalia und von seinem dreimonatigen Gefängnisaufenthalt in Mazedonien, wo er von Wärtern misshandelt wurde. 17 Monate war der Junge allein unterwegs, bis er endlich in Deutschland ankam und sich sicher fühlen konnte.

Nach sechs Wochen Zusammenleben spürten die Beckers, dass Suhaib nicht zur Ruhe kommen würde, wenn er nicht mit seiner Mutter und seinen Geschwistern leben konnte. Mit Hilfe der Sozialarbeiterin und einigen Tricks gelang es ihnen, innerhalb von zwei Wochen eine Familienzusammenführung zu bewerkstelligen. Beim Jugendamt hatte sich bisher niemand mit besonders viel Energie dahintergeklemmt.

Suhaib lebt jetzt bei seiner Mutter, und die Beckers sind um einige Erfahrungen reicher: »Wir haben in den paar Wochen enorm viel gelernt, nicht nur über die Situation der Flüchtlinge, sondern auch über uns, und sind ein paarmal auch an unsere Grenzen gestoßen.« Aber die Beckers fanden diese Erfahrung spannend. Sie können sich durchaus vorstellen, noch einmal einen Flüchtling bei sich zu beherbergen: »Letztlich wollen wir das Sprungbrett in unsere Gesellschaft sein.«

**Interview mit Claudia Reher, Traumatherapeutin bei der Stiftung *Children for Tomorrow*, die sich in Hamburg um minderjährige Flüchtlinge kümmert**

■ **Wer sind Ihre Patienten?**
»Wir behandeln Flüchtlingskinder und -jugendliche, die bis zu 21 Jahre alt sind, psychiatrisch und psychotherapeutisch, aktuell sind das etwa 200. Wir haben im Moment eine große Gruppe an minderjährigen unbegleiteten Flüchtlingen, das sind derzeit ca. 80 Prozent. Unbegleitete Jugendliche sind oft belasteter als Kinder, die mit ihren Familien hierhergekommen sind, weil ihnen die soziale Unterstützung fehlt, die bei psychischen Erkrankungen ein wichtiger Schutzfaktor ist.«

■ **Welche Symptome weisen sie auf?**
»Das Hauptproblem: Unsere Patienten können meist nur schlecht schlafen. Albträume und Kopfschmerzen sind ein

→

großes Thema, starke plötzliche Ängste, Bauchschmerzen, alles, was mit Stress zu tun hat. Grübeln über die Vergangenheit und Zukunft ist auch typisch. Die Kleineren nässen wieder ein, sind sozial auffällig, also z. B. in der Schule nicht so gut zu bändigen. Sie sind übererregt durch den Stress und die Angst, die sie auf der Flucht hatten.«

■ **Was haben Ihre Patienten erlebt?**

»Ich erzähle Ihnen eine typische Geschichte: Wir haben einen Jugendlichen aus Afghanistan, dessen älterer Bruder von den Taliban entführt wurde, um von den Eltern Geld zu erpressen. Dann versuchten diese, auch ihn zu entführen. Daraufhin kratzten die Eltern alles Geld zusammen, was sie noch hatten, verkauften ihr Hab und Gut, um den Jungen nach Europa zu schicken. Sie bezahlten einen Schlepper, der ihn ein Stück mitnahm. Es kommt ja häufig vor, dass die Schlepper die Summe erhalten, ihre Klienten dann aber nicht bis ans Ziel bringen. Dann stranden sie in der Türkei oder Griechenland. Dort ist es für viele sehr schlimm, genauso wie in Bulgarien. Sie erleben eine Menge Gewalt, werden angepinkelt, wenn sie draußen übernachten, oder wenn sie im Wald in Zelten schlafen, werden diese angezündet oder mit Steinen beworfen. Bei Inhaftierungen kommt es häufig zu gewalttätigen Übergriffen von Wärtern oder anderen Insassen. Jugendliche sind ein begehrtes Opfer für sexuellen Missbrauch. Das hat mich übrigens am Anfang überrascht, wie viel den Jugendlichen in Italien und in Griechenland passiert. Ich finde, man kann vielleicht den Krieg nicht beenden, aber man muss doch dafür sorgen können, dass in Europa so etwas nicht passiert.«

■ Welche Schwierigkeiten erleben die Jugendlichen hier?

»Die Jugendlichen müssen die Fluchtursachen verarbeiten,
dann die oft sehr brutalen Ereignisse, die sie auf der Flucht
erleben, und schließlich das Exil in Deutschland, wo die Anhörung oft noch einmal alte Wunden aufreißt und retrauma-
tisierend wirkt. Das ist leider ein Grundproblem für uns und
unsere Patienten. Wenn Flüchtlinge unter einer posttrau-
matischen Belastungsstörung leiden, können sie nicht über
die Ereignisse sprechen, die diese ausgelöst haben. Wenn
sie dann, um sich vor aufkommenden Gefühlen zu schützen,
in der Anhörung nicht alles über die Fluchtgründe erzählen,
wird ihnen das als fehlender Fluchtgrund ausgelegt, auch
wenn wir ihnen unsere ärztliche Stellungnahme mitgeben.
Es geht sogar so weit, dass unsere Gutachten manchmal als
Schutzbehauptungen abgetan werden. Das steht der Behörde natürlich frei, aber dann muss man ein unabhängiges psy-
chiatrisches Gutachten in Auftrag geben, um z.B. auch die
Glaubwürdigkeit des Patienten zu überprüfen. Das geschieht
aber fast nie.«


■ Wie sieht die Therapie aus?

»Der erste Schritt ist immer die Stabilisierung. Damit wollen
wir selbstschädigendes Verhalten stoppen, mit dem Patienten versuchen, ihre Gefühle unter Kontrolle zu bringen: Rit-
zen, Suizidversuche, Drogenkonsum. Dann folgt die Trauma-
exposition, also die intensive Auseinandersetzung mit den
Erlebnissen, die der Patient verarbeiten muss: Das kann
mittels Sprache geschehen, dass sie z.B. ihre Erlebnisse auf-

→

schreiben. Das kann EMDR sein, eine Therapieform, die auch mit Augenbewegungen arbeitet. Das kann eine Kunsttherapie sein, da schauen wir eben, was am besten passt. Dann folgt die Phase der Integration, in der es um die Zukunft geht: Welchen Sinn kann ich noch in meinem Leben finden, obwohl mir all das passiert ist?«

■ Wie ist die Situation hier für die Jugendlichen?

»In der Regel sind die unbegleiteten Jugendlichen gut im Rahmen der Jugendhilfe in pädagogisch betreuten Wohngruppen untergebracht, wenn sie erst einmal aus der Erstaufnahme raus sind, die oft überfüllt ist. Das Konzept ist also stimmig, wenn wir auch zurzeit Kapazitätsprobleme hier in Hamburg haben. Bei den Kindern, die mit ihren Eltern hier sind, ist es kritischer, weil die Unterbringung häufig schlecht ist. Sie leben auf engstem Raum, haben oft keine Privatsphäre, die hygienischen Bedingungen sind miserabel. Die Kinder haben es nicht selten in den Schulen schwer, werden ausgegrenzt, und die Familien sind mit den bürokratischen Anforderungen überfordert.«

■ Wie denken die Jugendlichen über Deutschland?

»Sie schätzen an Deutschland die Sicherheit, dass sie z. B. ohne Angst auf die Straße gehen können. Hier haben sie auch genug zu essen. Und alle wollen etwas lernen und zur Schule gehen. Sie wollen unbedingt weiterkommen.«

# Was zu tun ist

## Dauerkrise

Als dieses Buch fast fertig geschrieben ist, erscheint folgende Pressemitteilung: »Ein medizinisches Team von Ärzte ohne Grenzen hat am Freitagmorgen in Idomeni an der griechisch-mazedonischen Grenze zehn Flüchtlinge behandelt, die durch Blendgranaten der mazedonischen Einheiten verletzt wurden. Schon nach der Abriegelung der Grenze am Donnerstag hat das Team mehr als 100 Flüchtlinge wegen Erkrankungen und Erschöpfung behandelt, so viele wie noch nie seit dem Start der mobilen Klinik im April dieses Jahres. Drei Patienten wurden an das Krankenhaus in Idomeni überwiesen: Ein Kleinkind aus Syrien, das vor einigen Monaten am Kopf operiert worden war, eine Schwangere mit starken Schmerzen und Blutungen sowie ein 24-Jähriger mit Verletzungen, der berichtete, er sei von der mazedonischen Polizei geschlagen worden. Vier Patienten waren wegen Erschöpfung, Hunger und der Hitze bewusstlos geworden. Das Team verteilte auch Hilfsgüter an die Geflüchteten. Derzeit halten sich mehr als 3000 Menschen an der Grenze auf und werden an der Weiterreise gehindert.«[1]

In Mazedonien, das in den letzten Wochen als reines Transitland auf der Route von Griechenland nach Mitteleuropa fungierte, reagiert die Polizei auf die immer weiter wachsende Zahl an Flüchtlingen inzwischen mit Gewalt. Zehntausende versuchen so schnell wie möglich weiter nach Serbien und bis ins EU-Land Ungarn zu kommen, bevor die Ungarn ihren Grenzzaun zu Serbien fertig gebaut haben. Wenn dieser Weg nach Norden verschlossen wird, fürchten die Flüchtlinge, müssen sie umkehren und den Winter in Griechenland verbringen – bedroht von Hunger und Kälte. Es ist ein Wettrennen gegen die Zeit, das Alte, Kranke, Familien mit Kindern, die seit Wochen aus Syrien unterwegs sind, kurz vor dem Ziel bestreiten müssen.

Und nichts deutet darauf hin, dass sich in den nächsten Wochen und Monaten weniger Flüchtlinge auf den Weg machen werden. Die Bundesregierung hat ihre Prognosen für 2015 inzwischen auf 800 000 Neuankömmlinge nach oben korrigiert. Und ebenso wenig lässt darauf schließen, dass sich die Gesamtsituation ändern wird: Weiterhin werden Tausende unter freiem Himmel auf den griechischen Inseln wie Kos oder Lesbos kampieren, werden Flüchtlingsboote mit dem Ziel Lampedusa oder Sizilien in See stechen, werden Flüchtlinge quer durch Europa auf der Suche nach einer sicheren Unterkunft sein. Denn der Krieg in Syrien findet kein Ende und bringt täglich neue Flüchtlingsbewegungen hervor.

## Die nächsten Schritte

Sicher wird es auch wieder ruhigere Zeiten geben. Spätestens jedoch beim nächsten Krieg in Afrika oder im Nahen Osten wird es zu neuen Fluchtbewegungen kommen, die auch Europa erreichen werden. Diese Auswirkung der Globalisierung lässt sich nicht zurückschrauben. Wir sind nicht nur Profiteure dieses historischen Vernetzungsprozesses. Straßen, Schienen oder Flugrouten führen nicht nur von Nord nach Süd. Man kann sie auch für die Reise nach Europa nutzen. Wir müssen politische und ökonomische Werkzeuge entwickeln, damit diese Reisen für Flüchtlinge so selten wie möglich nötig werden und im Notfall in größtmöglicher Sicherheit stattfinden. Dazu sollten gehören:

### 1. Sichere Einreise

Europa darf keine Festung mehr sein. Es muss seine völkerrechtliche Verpflichtung, Schutzsuchende aufzunehmen, umsetzen. Zuallererst muss Flüchtlingen die Möglichkeit gegeben werden, auf legalem und sicherem Weg die EU zu erreichen. Die Europäische Union sollte in großem Stil syrischen Kriegsflüchtlingen humanitäre Visa ausstellen. Das UNHCR könnte hier im Rahmen seines Resettlement-Programms als Schaltstelle dienen. Das UN-Flüchtlingshilfswerk leidet jedoch seit Jahren an einer Unterfinanzierung. Die Unterstützung durch die reichen Geberländer in Nordamerika und Europa ist nicht ausreichend. 2014 benötigte das

UNHCR z. B. 5,3 Milliarden Dollar, erhielt jedoch nur etwa 3,3 Milliarden Dollar. Deutschland beteiligte sich mit knapp 140 Millionen an der Finanzierung.[2] Die Bundesregierung könnte sich erheblich stärker engagieren, ebenso die EU.

## 2. Flüchtlinge retten, Nothilfe stärken

Italien hat schon einmal gezeigt, welche Hilfe möglich ist: Im Rahmen der Operation »Mare Nostrum« konnten innerhalb eines Jahres 100 000 Flüchtlinge aus Seenot gerettet werden. Solange Flüchtlinge riskieren müssen, den lebensgefährlichen Weg übers Mittelmeer zu wählen, so lange muss Europa ein Seenotrettungsprogramm betreiben, das diesen Namen verdient.

Außerdem dürfen die Ankunftsländer, aktuell vor allem Bulgarien, Griechenland und Italien, von den übrigen europäischen Staaten mit der Aufgabe nicht allein gelassen werden, sie müssen viel besser von den anderen EU-Partnern unterstützt werden. Die Bilder, die seit Wochen das Elend der Flüchtlinge auf den griechischen Inseln Kos oder Lesbos dokumentieren, sind unerträglich und eine Kapitulationserklärung der europäischen Gemeinschaft, nicht nur aus moralischer Sicht.

Nichtregierungsorganisationen, die sich in der Flüchtlingshilfe engagieren, sollten in diesen Zeiten der Krise ebenfalls durch mehr EU-Gelder unterstützt werden. Sie springen oft in die Bresche, wenn staatliche Systeme versagen. NGOs stellen Anwälte für internierte Flüchtlinge, sie stellen ein

Mindestmaß an medizinischer Versorgung sicher, und sie dokumentieren Gesetzesverstöße. Sie sind die Stimme der Flüchtlinge, und diese Stimme sollte gestärkt werden.

## 3. Dublin stoppen

Das Dublin-Prinzip, nach dem Asylsuchende in dem Land bleiben müssen, in dem sie zum ersten Mal EU-Gebiet betreten haben und registriert wurden, wird in der Realität permanent durchbrochen. Flüchtlinge versuchen sich in Ländern nicht registrieren zu lassen, in denen sie ihrem Schicksal überlassen werden. Verwaltungen wie die griechische, die kein funktionierendes System haben, um Asylsuchende zu betreuen, sind erleichtert, wenn Flüchtlinge möglichst schnell nach Norden weiterziehen. Deshalb muss das Dublin-Prinzip abgeschafft werden. Die Bundesregierung hat es inzwischen für syrische Flüchtlinge ausgesetzt. Denn Flüchtlinge müssen die Möglichkeit bekommen, selbst zu entscheiden, wo sie hinmöchten. Es macht keinen Sinn, diese Menschen per Quote in Länder zu verteilen, in denen sie niemanden kennen, keine Freunde oder Verwandte haben. So können sie keine Netzwerke bilden und sich nicht gegenseitig unterstützen. Auch wenn das heißt, dass vorerst die meisten nach Deutschland und Schweden kommen. Das bedeutet natürlich eine erhebliche Herausforderung für die beiden Länder, die von den übrigen EU-Staaten honoriert werden müsste, etwa in Form von massiven Ausgleichszahlungen.

Gleichzeitig muss darauf hingewirkt werden, dass das europäische Asylsystem wenn nicht standardisiert, so doch schnellstmöglich einander angeglichen wird. Länder wie Frankreich oder Großbritannien sollten sofort in der Lage sein, ähnliche Aufnahmebedingungen zu bieten wie Deutschland oder Schweden. Mittelfristig muss die EU erreichen, dass dann auch andere Mitgliedsländer mehr Verantwortung übernehmen und adäquate Asylsysteme umsetzen, um Anreize für Flüchtlinge zu bieten, auch in diese Länder zu kommen.

## 4. Frontex: Agentur für Rechtssicherheit

Die Grenzschutzagentur sollte ihren eigenen Verhaltenskodex ernst nehmen und umsetzen.[3] So wird in Artikel 5 das Prinzip der Nichtzurückweisung garantiert: Alle Menschen, die Schutz suchen, werden empfangen, betreut und auf ihre Rechte hingewiesen. Frontex verpflichtet sich, medizinische Versorgung sicherzustellen, und sorgt für die Betreuung besonders schutzbedürftiger Personen wie unbegleitete Kinder.

So würden Frontex-Beamte nicht nur für sichere Grenzen sorgen, sondern auch dafür, dass Flüchtlinge an der Grenze sicher sind und ihre Belange respektiert werden. Frontex-Beamte könnten so zu Garanten der Rechtssicherheit werden und die Menschenrechte wahren, denen sich ganz Europa verpflichtet sieht. Dann würden sie Menschenrechtsverstöße protokollieren und in ihrer Agentur in Warschau bekannt machen, die für Konsequenzen sorgt. Bei wiederholten Rechtsverletzungen müsste der Mitgliedsstaat dann z. B. eine Strafe zahlen, oder ein Abzug der Frontex-Unterstützung wäre die Folge. Besonders wichtig ist die sofortige Beendigung aller Push-Back-Aktionen. Mit drastischen Strafen muss dafür gesorgt werden, dass solche völker- und menschenrechtsverletzenden Aktionen geächtet werden. Europa kann andere Länder nicht immer mit erhobenem Zeigefinger auf ihre moralische Verantwortung den Menschen gegenüber hinweisen, wenn eigene Mitgliedsstaaten dem Anspruch selbst so wenig entsprechen.

## 5. EU-Recht durchsetzen

Eigentlich sollte die Anerkennung im Asylverfahren doch das gute Ende einer oftmals dramatischen Fluchtgeschichte sein. Schutzberechtigte sollten im Asylland ein neues Leben beginnen können, ihre psychischen Verletzungen heilen können, für sich und ihre Kinder neue Perspektiven entwickeln. Aber nichts davon können Flüchtlinge erwarten, wenn sie in Bulgarien, Griechenland oder Italien, den Hauptankunftsländern der EU, einen Asylantrag stellen. Ähnliches gilt für mehrere andere Länder der EU. Nirgendwo stehen nennenswerte Sozialleistungen für Flüchtlinge zur Verfügung. Sobald ein Flüchtling die staatlichen Aufnahmelager verlassen hat, erhält er weder Wohnung noch Essen. Hunger und Obdachlosigkeit, gerade auch für Familien mit Kindern, sind die Folge. Viele Menschen müssen sich erniedrigen und ausbeuten lassen, sie haben keine Perspektive.

Dabei ist am 13. Dezember 2011 vom Europäischen Parlament die sogenannte Qualifikationsrichtlinie verabschiedet worden, die zum ersten Mal einheitliche Rechte für Flüchtlinge innerhalb der EU formuliert.[4] Innerhalb von zwei Jahren wurden die EU-Mitgliedsstaaten verpflichtet, diese Richtlinie in nationales Recht umzusetzen. Diese führt die Rechte von anerkannten Flüchtlingen auf – das Recht, Zugang zu Beschäftigung zu bekommen (§ 26), zu Bildung (§ 27), zu Sozialleistungen (§ 29) und zu medizinischer Versorgung (§ 30). All diese Rechte können in den Ankunftsländern von den Flüchtlingen in aller Regel nicht wahrgenommen werden. Auch die EU drängt nicht darauf, diese rechtlichen Grundlagen umzusetzen.

Was sind EU-Gesetze wert, wenn sie nur auf dem Papier geschrieben stehen? Was ist Asyl wert, wenn es den Menschen keine Perspektive eröffnet? Indho Mohamud Abyan, der als 17-Jähriger nach Europa floh und in Ungarn als Flüchtling anerkannt wurde, zieht ein bitteres Fazit: »In Ungarn verlierst du damit alle Möglichkeiten, wenn du anerkannt wirst: Ich musste das Lager verlassen, und sie gaben mir 150 Euro Startgeld. Ich konnte nicht studieren, nicht arbeiten, hatte keine Wohnung. Nichts. [...] Ich habe oft versucht, wegzukommen: Ich habe es in Stockholm versucht, in Kopenhagen, in Amsterdam, in London, in Glasgow. Immer wieder bin ich abgeschoben worden und war viele Monate deswegen im Gefängnis. Jetzt bin ich in Deutschland. Eine Anhörung haben sie schon mit mir gemacht und gesagt, ich würde abgeschoben. [...] Acht Jahre sind in Europa vergangen, und ich habe immer noch nichts außer diesem Papier. Aber das kannst du nicht essen, kannst dir daraus kein Haus bauen, du kannst nicht damit studieren, und es schützt dich auch nicht vor rassistischen Übergriffen. Du landest damit einfach nur in der Obdachlosigkeit.«[5]

## 6. Herkunftsländer stärken

Die großen Flüchtlingsbewegungen haben ihren Ursprung in Ländern, in denen Krieg, Unsicherheit und Verfolgung herrschen – Syrien, Afghanistan, Eritrea, Somalia, Irak. Wenn es erst einmal zu einer Katastrophe wie dem syrischen Bürgerkrieg kommt, ist es sehr schwer, noch Einfluss zu nehmen, besonders für die EU mit ihren heterogenen Strukturen und ihrem schwachen außenpolitischen Gewicht. Dennoch lohnt sich in einigen Konflikten sicher die Frage, inwieweit kurzfristige, machtpolitisch orientierte westliche Politik zur Eskalation von Krisen beigetragen hat (Irak, Afghanistan!) und so Hunderttausende Menschen noch heute zur Flucht zwingt.

Eine langfristig angelegte europäische Außenpolitik sollte sich darauf konzentrieren, politische, soziale und ökonomische Entwicklungen zu fördern, die der gesamten Bevölkerung zugutekommen. In den meisten afrikanischen Staaten wird die übergroße Mehrheit der Bevölkerung von Entwicklung ausgeschlossen und kämpft jeden Tag buchstäblich ums Überleben. Nur eine winzige Elite profitiert in Nigeria, im Tschad, dem Niger oder Mali von den Reichtümern des Landes. Europäische Mächte haben seit Kolonialzeiten massiv Einfluss in Afrika genommen, ihnen genehme Eliten protegiert und so dafür gesorgt, ihre wirtschaftlichen Interessen durchzusetzen. Jetzt müssen sie ihren Einfluss dazu nutzen, Verhältnisse zu schaffen, die junge Menschen dazu bewegen, im eigenen Land zu bleiben und nicht den Weg nach und ihre Zukunft in Europa zu suchen. Korrupte, klientelistische, demokratiefeindliche Eliten dürfen nicht gefördert werden. Geld darf nur fließen, wenn demokratische, menschenrechtliche und ökologische Standards erfüllt werden. Waffenexporte in Krisenregionen sind strikt zu untersagen.

Vielmehr gilt es, demokratische Strukturen zu entwickeln, Schulen und Universitäten zu unterstützen, ökologisch fundierte Infrastruktur in ländlichen Gebieten zu fördern. Nationale Märkte dürfen nicht von außen unter Druck gesetzt werden. So sind etwa von der EU subventionierte Agrarexporte, wie Hühnerteile, Reis oder Milch, kontraproduktiv, da die Bauern in afrikanischen Ländern dieser Marktmacht nichts entgegensetzen können und ihre Existenzgrundlage verlieren.

Ansonsten wird nichts die Wanderungsbewegungen aufhalten, wie der Leiter der IOM-Niederlassung in Griechenland, Daniel Esdras, weiß: »Man kann eine verzweifelte Person nicht aufhalten. Auch mit der Gewissheit, dass sie sterben können, werden sie nicht umkehren. Was ist also die Lösung? Sicherlich keine geschlossenen Grenzen. Die europäische Festung ist eine Idee, die schon vor Jahren ad absurdum geführt wurde. Auch wenn es utopisch klingt, die einzige Möglichkeit ist: Wir müssen den Herkunftsländern dabei helfen, sich selbst zu helfen. Ich weiß, dass es um eine Menge Geld geht und dass dieser Prozess lange dauert. Aber es ist die einzige Möglichkeit.«[6]

## 7. Engagement und Zivilcourage zeigen

An einem Samstag im August 2015 treffen sich 500 Unterstützer in der Szenekneipe »Knust« im Hamburger Karoviertel, um ihre Flüchtlingsarbeit zu koordinieren. Einige Tage zuvor hat der Senat bekannt gegeben, dass bis zu 1200 Flüchtlinge in den Messehallen unterkommen sollen. Die Stadt schöpft alle Ressourcen aus, um die bis zu diesem Zeitpunkt 18 000 Flüchtlinge unterzubringen. Im »Knust« wird ein Koordinierungsrat gebildet – Kinder müssen betreut werden, es soll Deutschkurse geben, aber auch Wäsche- und Kleiderspenden wollen verteilt werden. Ein ganzes Viertel scheint in Bewegung zu geraten, in den folgenden Hochsommertagen gehen die Helfer in den Messehallen ein und aus, das Leben verlagert sich vor die Hallen auf die Straßen und Plätze, viele Flüchtlinge erleben, wie spontane Hilfe aussehen kann.

Nur wenige Tage später protestieren ein paar Hundert Menschen 500 Kilometer weiter südöstlich im sächsischen Heidenau gegen die Unterbringung von Flüchtlingen in einem ehemaligen Baumarkt, der als Notunterkunft genutzt werden soll. Die Proteste arten in Gewalt aus, 36 Polizisten werden verletzt, mehrere Hundert, teilweise betrunkene Menschen, aufgerufen von der NPD und einer NPD-nahen Bürgerinitiative, liefern sich Prügeleien mit der überforderten Polizei, die von der Aktion offensichtlich völlig überrascht wurde. Nur unter Polizeischutz können die verängstigten Flüchtlinge in der Nacht ihre Unterkunft beziehen.[7]

Zwei Szenen aus Deutschland. Erinnerungen an die Nachwendezeit werden wach, an Solingen, Hoyerswerda und Rostock-Lichtenhagen. Damals wie heute müssen die Menschen, die mit den Flüchtlingen mitfühlen und sich vorstellen können, dass diese nicht aus freien Stücken Tausende Kilometer mit ihren kleinen Kindern zurückgelegt und dafür Tausende Euro bezahlt haben, aufstehen und deutlich machen: Wir sind die Mehrheit! Wir sind bereit, unseren Teil dazu beizutragen und diesen Menschen zu helfen. Wie im »Knust« gibt es in der ganzen Bundesrepublik Netzwerke auf Facebook, Unterstützerkreise und Initiativen, die Hilfestellung anbieten. Sie sollten sich zusammenschließen, um Erfahrungen auszutauschen, und auch, um sich in der Politik und der Gesellschaft Gehör zu verschaffen.

## 8. Das Einwanderungsgesetz muss kommen

Jetzt müssen Politiker auf allen Ebenen ohne Wenn und Aber deutlich machen, dass bei uns kein Platz für Fremdenfeindlichkeit und Rassismus ist. Sonst brennen noch mehr Asylbewerberheime – und irgendwann sterben Menschen in ihnen. Auf der Verwaltungsebene muss das Bundesamt für Migration und Flüchtlinge, in dem die Asylanträge bearbeitet werden, mit zusätzlichen Mitarbeitern versorgt werden. Eines der Hauptprobleme derzeit ist der Bearbeitungsstau, der dafür sorgt, dass viele Menschen in der Warteschleife hängen, viel zu lange in den Erstunterbringungen bleiben müssen und nicht arbeiten dürfen – mit allen bekannten Folgen.

Doch die weit größte Herausforderung ist ein Einwanderungsgesetz, das die Asylgesetzgebung entlastet. Im Jahr 2015 werden bisher fast 40 Prozent aller Asylanträge von Menschen aus dem Westbalkan gestellt, also Ländern wie Serbien, Albanien oder dem Kosovo. Diese Anträge werden zu fast 100 Prozent abgelehnt, weil keine Asylgründe nachgewiesen werden können. Oft suchen Albaner, Kosovaren oder Roma aus Serbien Arbeit in Deutschland, die es in ihren Ländern nicht gibt oder die ihnen im Fall der Roma verweigert wird.

Wir brauchen ein Einwanderungsgesetz, das darauf zielt, nicht mehr abzugrenzen und abzuschotten, wie es das bisherige »Gesetz zur Steuerung und Begrenzung der Zuwanderung und zur Regelung des Aufenthalts und der Integration von Unionsbürgern und Ausländern«, kurz Zuwanderungsgesetz, formuliert. Sondern in dem es darum geht, Menschen, die bei uns arbeiten und leben wollen, eine Perspektive nach klaren Kriterien zu bieten. Diese Perspektive muss z. B. die Einbürgerung und nicht ein Arbeitsaufenthalt auf Zeit sein. Unsere alternde Gesellschaft braucht mehrere Hunderttausend junge Menschen jährlich, die unsere Sozialsysteme am Leben halten und Arbeitsplätze besetzen. Sie müssen die Sicherheit haben, bei uns bleiben zu dürfen, ihr

Aufenthalt muss legalisiert werden, die Integrationsleistun-
gen vom Deutschkurs bis zur Arbeitsannahme müssen be-
schleunigt werden. Dazu müssen vor allem die Hürden für
Arbeitssuchende aus dem Ausland wesentlich gesenkt werden. Die »EU Blue Card« für Hochqualifizierte ist sehr schwer
zu bekommen. Die Anerkennung eines ausländischen Hoch-
schulabschlusses – für die Berufsausübung in Deutschland
notwendige Voraussetzung – ist nur sehr schwer zu erhalten. Auch das Mindesteinkommen, das der Antragsteller
nachweisen muss, um eine »EU Blue Card« zu bekommen,
ist mit 48 400 Euro sehr hoch.[8] Die Vorrangprüfung, bei der
das Bundesamt für Arbeit untersucht, ob die Arbeitsstelle,
die der Antragsteller antreten möchte, von einem EU-Bürger
übernommen werden könnte, ist ein abschreckendes büro-
kratisches Monster, das abgeschafft werden sollte.[9]

Außerdem sollte Deutschland, sollte die EU Anlaufstellen
für Arbeitssuchende im Ausland anbieten. In Priština, Bel-
grad oder Lagos könnten beispielsweise die deutschen Bot-
schaften Mitarbeiter der Bundesagentur für Arbeit beherbergen, die Arbeitsvisa ausstellen.[10] Schon heute rekrutieren
etwa deutsche Krankenhäuser Pflegepersonal in der EU.[11]
Entsprechend könnte man Arbeitsgenehmigungen auf Zeit
für bestimmte Mangelberufe oder auch für niedrig qualifizierte Jobs ausstellen.

Schließlich dürfen die Wege Asyl und Zuwanderung nicht
mehr strikt voneinander getrennt sein: Wer als Asylbewerber abgelehnt wird, sollte im Land bleiben dürfen, wenn er
einen tariflich bezahlten Arbeitsplatz vorweisen kann – ana-
log zur schwedischen Gesetzgebung.

Diese Aufzählung ist natürlich unvollständig. Es gibt noch viele praktische Ideen, wie wir mit der Ankunft Hunderttausender Menschen, die unsere Hilfe benötigen, umgehen können. Vor allem aber geht es darum, diese Neuankömmlinge nicht als eine Störung, sondern als einen Impuls zu begreifen, der uns weiterbringt.

# Anhang

# Allgemeine Erklärung der Menschenrechte[1]

Resolution der Generalversammlung der Vereinten Nationen
vom 10. Dezember 1948

(Auszug)

## Präambel

*Da* die Anerkennung der angeborenen Würde und der gleichen und unveräußerlichen Rechte aller Mitglieder der Gemeinschaft der Menschen die Grundlage von Freiheit, Gerechtigkeit und Frieden in der Welt bildet,

*da* die Nichtanerkennung und Verachtung der Menschenrechte zu Akten der Barbarei geführt haben, die das Gewissen der Menschheit mit Empörung erfüllen, und da verkündet worden ist, dass einer Welt, in der die Menschen Rede- und Glaubensfreiheit und Freiheit von Furcht und Not genießen, das höchste Streben des Menschen gilt,

*da* es notwendig ist, die Menschenrechte durch die Herrschaft des Rechtes zu schützen, damit der Mensch nicht gezwungen wird, als letztes Mittel zum Aufstand gegen Tyrannei und Unterdrückung zu greifen,

*da* es notwendig ist, die Entwicklung freundschaftlicher Beziehungen zwischen den Nationen zu fördern, *da* die Völker der Vereinten Nationen in der Charta ihren Glauben an die grundlegenden Menschenrechte, an die Würde und den Wert der menschlichen Person und an die Gleichberechtigung von Mann und Frau erneut bekräftigt und beschlossen haben, den sozialen Fortschritt und bessere Lebensbedingungen in größerer Freiheit zu fördern,

*da die* Mitgliedstaaten sich verpflichtet haben, in Zusammenarbeit mit den Vereinten Nationen auf die allgemeine Achtung und Einhaltung der Menschenrechte und Grundfreiheiten hinzuwirken,

*da* ein gemeinsames Verständnis dieser Rechte und Freiheiten von größter Wichtigkeit für die volle Erfüllung dieser Verpflichtung ist,

*verkündet die Generalversammlung*

diese Allgemeine Erklärung der Menschenrechte als das von allen Völkern und Nationen zu erreichende gemeinsame Ideal, damit jeder einzelne und alle Organe der Gesellschaft sich diese Erklärung stets gegenwärtig halten und sich bemühen, durch Unterricht und Erziehung die Achtung vor diesen Rechten und Freiheiten zu fördern und durch fortschreitende nationale und internationale Maßnahmen ihre allgemeine und tatsächliche Anerkennung und Einhaltung durch die Bevölkerung der Mitgliedstaaten selbst wie auch durch die Bevölkerung der ihrer Hoheitsgewalt unterstehenden Gebiete zu gewährleisten.

## Artikel 1

Alle Menschen sind frei und gleich an Würde und Rechten geboren. Sie sind mit Vernunft und Gewissen begabt und sollen einander im Geiste der Brüderlichkeit begegnen.

## Artikel 2

Jeder hat Anspruch auf alle in dieser Erklärung verkündeten Rechte und Freiheiten, ohne irgendeinen Unterschied, etwa nach Rasse, Hautfarbe, Geschlecht, Sprache, Religion, politischer oder sonstiger Anschauung, nationaler oder sozialer Herkunft, Vermögen, Geburt oder sonstigem Stand. Des weiteren darf kein Unterschied gemacht werden auf Grund der politischen, rechtlichen oder internationalen Stellung des Landes oder Gebietes, dem eine Person angehört, gleichgültig ob dieses unabhängig ist, unter Treuhandschaft steht, keine Selbstregierung besitzt oder sonst in seiner Souveränität eingeschränkt ist.

## Artikel 3

Jeder hat das Recht auf Leben, Freiheit und Sicherheit der Person.

## Artikel 4

Niemand darf in Sklaverei oder Leibeigenschaft gehalten werden; Sklaverei und Sklavenhandel in allen ihren Formen sind verboten.

## Artikel 5

Niemand darf der Folter oder grausamer, unmenschlicher oder erniedrigender Behandlung oder Strafe unterworfen werden.

[...]

## Artikel 7

Alle Menschen sind vor dem Gesetz gleich und haben ohne Unterschied Anspruch auf gleichen Schutz durch das Gesetz. Alle haben Anspruch auf gleichen Schutz gegen jede Diskriminierung, die gegen diese Erklärung verstößt, und gegen jede Aufhetzung zu einer derartigen Diskriminierung.

[...]

## Artikel 9

Niemand darf willkürlich festgenommen, in Haft gehalten oder des Landes verwiesen werden.

[...]

## Artikel 12

Niemand darf willkürlichen Eingriffen in sein Privatleben, seine Familie, seine Wohnung und seinen Schriftverkehr oder Beeinträchtigungen seiner Ehre und seines Rufes ausgesetzt werden. Jeder hat Anspruch auf rechtlichen Schutz gegen solche Eingriffe oder Beeinträchtigungen.

[...]

## Artikel 14

1. Jeder hat das Recht, in anderen Ländern vor Verfolgung Asyl zu suchen und zu genießen.

2. Dieses Recht kann nicht in Anspruch genommen werden im Falle einer Strafverfolgung, die tatsächlich auf Grund von Verbrechen nichtpolitischer Art oder auf Grund von Handlungen erfolgt, die gegen die Ziele und Grundsätze der Vereinten Nationen verstoßen.

[...]

## Artikel 16

1. Heiratsfähige Männer und Frauen haben ohne jede Beschränkung auf Grund der Rasse, der Staatsangehörigkeit oder der Religion das Recht, zu heiraten und eine Familie zu gründen. Sie haben bei der Eheschließung, während der Ehe und bei deren Auflösung gleiche Rechte.

2. Eine Ehe darf nur bei freier und uneingeschränkter Willenseinigung der künftigen Ehegatten geschlossen werden.

3. Die Familie ist die natürliche Grundeinheit der Gesellschaft und hat Anspruch auf Schutz durch Gesellschaft und Staat.

# Genfer Flüchtlingskonvention[2]

eigentlich: Abkommen über die Rechtsstellung der Flüchtlinge
vom 28. Juli 1951

(Auszug)

## Artikel 33
### Verbot der Ausweisung und Zurückweisung

1. Keiner der vertragschließenden Staaten wird einen Flüchtling auf irgendeine Weise über die Grenzen von Gebieten
   ausweisen oder zurückweisen, in denen sein Leben oder
   seine Freiheit wegen seiner Rasse, Religion, Staatsangehörigkeit, seiner Zugehörigkeit zu einer bestimmten sozialen Gruppe oder wegen seiner politischen Überzeugung
   bedroht sein würde.

# Verhaltenskodex Frontex[3]

(Auszug)

## Artikel 5
## Internationaler Schutz

Alle Mitarbeiter von Frontex sollen:

a. sich, in völliger Übereinstimmung mit dem Prinzip der Nicht-Zurückweisung, dafür einsetzen, dass Personen, die internationalen Schutz suchen, erfasst werden, die angemessene Unterstützung erhalten, in geeigneter Weise über ihre Rechte und die relevanten Verfahren informiert werden und an die nationalen Behörden überstellt werden, die für ihre Asylanträge zuständig sind;
b. Personen, die sich in ihrer Obhut befinden, Zugang zu medizinischer Versorgung verschaffen;
c. gegenüber besonders schutzbedürftigen Personengruppen wie etwa Frauen, unbegleiteten Minderjährigen, behinderten Menschen, Menschen, die der Gefahr der Ausbeutung ausgesetzt sind, sowie Opfern von Ausbeutung oder Menschenhandel besondere Rücksichtnahme zeigen.

# Anmerkungen

## Fluchtmotive: Krieg, Verfolgung, Hunger

1 Interview, April 2015
2 International Crisis Group: *Africa Report*, Nr. 227, 2015, S. i, siehe:
   http://www.crisisgroup.org/~/media/Files/africa/west-africa/227-
   the-central-sahel-a-perfect sandstorm.pdf (zuletzt abgerufen am
   17.08.2015)
3 *Weltweit fast 60 Millionen Menschen auf der Flucht*, in: unhcr.de
   vom 18.06.2015, siehe: http://www.unhcr.de/home/artikel/
   f31dce23af754ad07737a7806dfac4fc/weltweit-fast-60-millionen-
   menschen-auf-der-flucht.html (zuletzt abgerufen am 16.08.2015)
4 International Crisis Group: *Africa Report*, Nr. 227, 2015, S. 19

## Nachbarn

1 Böhm, Andrea: *Das Wunder von Deir al-Ahmar*, in: zeit.de vom
   25.05.2015, siehe: http://www.zeit.de/feature/gemeinschaft-
   zusammenleben-fluechtlinge-libanon (zuletzt abgerufen am
   09.08.2015) und Ghali, George: *Geflüchtete im Libanon: Was
   die internationale Gemeinschaft jetzt tun muss*, in: boell.de
   vom 02.06.2015, siehe: https://www.boell.de/de/2015/06/02/
   verantwortung-solidaritaet-und-konflikte (zuletzt abgerufen am
   09.08.2015)
2 Human Rights Watch: *He didn't have to die*, März 2015, siehe:
   https://www.hrw.org/reports/2015/03/22/he-didn-t-have-die
   (zuletzt abgerufen am 28.07.2015)
3 Interview, März 2014, vgl. auch http://www.zeit.de/feature/
   gemeinschaft-zusammenleben-fluechtlinge-libanon (zuletzt
   abgerufen am 11.08.2015)
4 Ghali, George: *Geflüchtete im Libanon: Was die internationale
   Gemeinschaft jetzt tun muss*, in: boell.de vom 02.06.2015, siehe:
   https://www.boell.de/de/2015/06/02/verantwortung-solidaritaet-

und-konflikte (zuletzt abgerufen am 09.08.2015) und FAZ: *EU-Staaten verfehlen Ziele zur Verteilung von Flüchtlingen*, in: faz.net vom 09.07.2015, siehe: http://www.faz.net/aktuell/politik/europaeische-union/eu-staaten-nehmen-zu-wenige-fluechtlinge-auf-13693194.html (zuletzt abgerufen am 09.08.2015)

5  Interview, März 2014

6  *Syrische Flüchtlinge*, in: mediendienst-integration.de, siehe: http://mediendienst-integration.de/weitere-rubriken/syrische-fluechtlinge.html (zuletzt abgerufen am 09.08.2015)

7  Interview, März 2014

8  Ebd.

9  Ebd.

10  Interview, April 2014

11  *Bericht Choucha Delegation*, in: afrique-europe-interact.net vom Januar 2014, siehe: http://afrique-europe-interact.net/1140-0-Bericht-Delegationsreise-01-2014.html (zuletzt abgerufen am 09.08.2015)

12  Interview, August 2012

13  Ebd.

14  Dietrich, Helmut: *Die Front in der Wüste. Die EU beginnt mit der Einrichtung von Abschiebe- und Flüchtlingslagern in Nordafrika – mit tatkräftiger Unterstützung Libyens*, in: Konkret 12/2004, S. 4, siehe: http://www.materialien.org/texte/migration/lampedusa.pdf (zuletzt abgerufen am 28.07.2015)

15  Schily, Otto: *Afrikas Probleme in Afrika lösen*, in: faz.net vom 23.07.2004, siehe: http://www.faz.net/aktuell/politik/f-a-z-gastbeitrag-afrikas-probleme-in-afrika-loesen-1174809.html (zuletzt abgerufen am 30.07.2015)

16  Interview, April 2014

17  Ebd.

18  Interview, August 2012

19  Dietrich, Helmut: *Die Front in der Wüste. Die EU beginnt mit der Einrichtung von Abschiebe- und Flüchtlingslagern in Nordafrika – mit tatkräftiger Unterstützung Libyens*, in: Konkret 12/2004, S. 2, siehe: http://www.materialien.org/texte/migration/lampedusa.pdf (zuletzt abgerufen am 28.07.2015)

20 *Bericht Choucha Delegation*, in: afrique-europe-interact.net vom
   Januar 2014, siehe: http://afrique-europe-interact.net/1140-0-
   Bericht-Delegationsreise-01-2014.html (zuletzt abgerufen am
   09.08.2015)
21 Interview, März 2014

## Routen

1 Frontex (Hrsg.): *Frontex Annual Risk Analysis 2015*, S. 12, siehe:
   http://frontex.europa.eu/assets/Publications/Risk_Analysis/
   Annual_Risk_Analysis_2015.pdf (zuletzt abgerufen am
   28.07.2015)
2 Reimann, Anna: *Fakten zur Flucht übers Mittelmeer. Wer sind die
   Flüchtlinge? Woher kommen sie?*, in: spiegel.de vom 20.04.2015,
   siehe: http://www.spiegel.de/politik/ausland/fluechtlinge-im-
   mittelmeer-fakten-zu-den-bootsfluechtlingen-a-1029512.html
   (zuletzt abgerufen am 28.07.2015)
3 The Migrant Files, siehe: http://www.themigrantsfiles.com (zuletzt
   abgerufen am 28.07.2015)
4 Gemäß Kap. 2, Abschnitt 5 § 22 Aufenthaltsgesetz (AufhG)
5 *Ihre Frage. Was tun die islamischen Länder für die vielen Flüchtlinge?*, in: sueddeutsche.de vom 21.12.2014, siehe http://
   www.sueddeutsche.de/politik/ihre-frage-ist-die-erde-bereits-
   ueberbevoelkert-1.2277680 (zuletzt abgerufen am 09.08.2015)
6 Interview, März 2014
7 Ebd.
8 Gatti, Fabrizio: *Lampedusa, scaricabarile sulla strage. Così sono
   annegati i bimbi siriani*, in: espresso.repubblica.it vom 28.11.2013,
   siehe: http://espresso.repubblica.it/internazionale/2013/11/28/news/
   lampedusa-il-naufragio-e-la-nave-italiana-cosi-abbiamo-lasciato-
   annegare-268-persone-1.143230?refresh_ce (zuletzt abgerufen am
   28.07.2015)
9 Siehe: http://www.borderline-europe.de/sites/default/files/
   background/2013_11_29_Bootstragoedie_11-10-2013.pdf (zuletzt
   abgerufen am 28.07.2015); http://www.watchthemed.net/reports/

view/32 (zuletzt abgerufen am 28.07.2015) und http://www.
maltatoday.com.mt/en/newsdetails/news/national/AFM-turns-
down-complaint-on-refusal-to-disclose-Lampedusa-rescue-mission-
timeline-20140113 (zuletzt abgerufen am 28.07.2015)

## Schmuggler

1 Jacob, Christian: *Fluchthilfe ist kein Menschenhandel*, in: boell.de
   vom 12.01.2015, siehe: https://www.boell.de/de/2015/01/12/
   fluchthilfe-ist-kein-menschenhandel (zuletzt abgerufen am
   02.08.2015)

2 Ebd.

3 Stiegler, Johannes: *Helfer oder Halunken? Eine Betrachtung des
   Wandels von der Figur des »Fluchthelfers« zur Figur des »Schleusers«*,
   in: Hinterland Magazin, Ausgabe 27 (2014), S. 11–14, hier: S. 11,
   siehe: http://www.hinterland-magazin.de/pdf/27-10.pdf (zuletzt
   abgerufen am 03.08.2015)

4 Ebd.

5 Buchen, Stefan: *Die neuen Staatsfeinde. Wie die Helfer syrischer Kriegsflüchtlinge in Deutschland kriminalisiert werden*, Bonn 2014, S. 194

6 StGB, § 34 Rechtfertigender Notstand

7 Arbeitskreis kritischer Juristinnen und Juristen Freiburg: *Strafe
   für lebensrettende Fluchthilfe?*, in: akj-freiburg.de vom 29.01.2014,
   siehe auch: http://akj-freiburg.de/?p=1258 (zuletzt abgerufen am
   09.08.2015)

8 *Flüchtlingsdrama von Lampedusa: Friedrich will härter gegen Schlepper
   vorgehen*, in: sueddeutsche.de vom 05.10.2013, siehe auch: http://
   www.sueddeutsche.de/politik/fluechtlingsdrama-von-lampedusa-
   friedrich-will-haerter-gegen-schlepper-vorgehen-1.1787631 (zuletzt
   abgerufen am 11.08.2015)

9 Stiegler, Johannes: *Helfer oder Halunken? Eine Betrachtung des
   Wandels von der Figur des »Fluchthelfers« zur Figur des »Schleusers«*, in:
   Hinterland Magazin, Ausgabe 27 (2014), S. 11–14, hier: S. 11, siehe:
   http://www.hinterland-magazin.de/pdf/27-10.pdf (zuletzt abgerufen
   am 03.08.2015)

10  Siehe: http://www.themigrantsfiles.com (zuletzt abgerufen am 28.07.2015)

11  Buchen, Stefan: *Die neuen Staatsfeinde. Wie die Helfer syrischer Kriegsflüchtlinge in Deutschland kriminalisiert werden*, Bonn 2014, S. 18 f.

12  Arbeitskreis kritischer Juristinnen und Juristen Freiburg: *Strafe für lebensrettende Fluchthilfe?*, in: akj-freiburg.de vom 29.01.2014, siehe auch: http://akj-freiburg.de/?p=1258 (zuletzt abgerufen am 09.08.2015)

13  Guillén, Elisabet Poveda: *Visa für Deutschland – wer kann sie bekommen und wie?*, in: boell.de vom 18.11. 2014, siehe auch: https://heimatkunde.boell.de/2014/11/18/visa-fuer-deutschland-wer-kann-sie-bekommen-und-wie (zuletzt abgerufen am 09.08.2015)

14  Interview, August 2012

15  Ebd.

16  Ebd.

17  Interview, Januar 2013

18  Interview, August 2012

19  Kingsley, Patrick: *Libyan people smuggler derides EU plan for military action*, in: theguardian.com vom 21.04.2015, siehe: http://www.theguardian.com/world/2015/apr/21/libyan-people-smuggler-tells-eu-to-destroy-ships-and-help-coastguard (zuletzt abgerufen am 30.07.2015)

20  Politi, James: *Traffickers are organized as tour operators, says Sicily prosecutor*, in: ft.com (Financial Times) vom 23.04.2015, siehe: http://www.ft.com/cms/s/0/36feadc0-e982-11e4-b863-00144feab7de.html#axzz3hOIaKkKt (zuletzt abgerufen am 30.07.2015)

21  Squires, Nick: *Dirty business of people smuggling. Italian police release wiretaps from trafficking network*, in: telegraph.co.uk vom 21.04.2015, siehe: http://www.telegraph.co.uk/news/worldnews/europe/italy/11553193/Dirty-business-of-people-smuggling-Italian-police-release-wiretaps-from-trafficking-network.html (zuletzt abgerufen am 30.07.2015)

22  Interview, August 2012

23  Interviews mit Flüchtlingen in der Erstaufnahmeeinrichtung in Eisenhüttenstadt, April 2014

24  Day, Michael: *Migrant boat disaster. Smuggler known as »The General«
laughed about deaths on crossing from Libya to Italy*, in: independent.co.uk vom 21.04.2015, siehe: http://www.independent.
co.uk/news/world/europe/migrant-boat-disaster-smuggler-known-as-the-general-laughed-about-deaths-on-crossing-from-libya-to-italy-10193569.html (zuletzt abgerufen am 30.07.2015)

25  Ladurner, Ulrich: *Die Ware Mensch*, in: zeit.de vom 08.03.2015,
siehe: http://www.zeit.de/2015/08/fluechtlinge-schleuser-schlepperbanden-italien (zuletzt abgerufen am 30.07.2015)

26  Blei, Bianca: *Syrischer Flüchtling in Istanbul: »Ich will nur überleben«*,
in: derstandard.at vom 19.03.2015, siehe: http://derstandard.
at/2000013125034/Syrischer-Fluechtling-in-Istanbul-Ich-will-nur-ueberleben (zuletzt abgerufen am 06.08.2015)

27  Im Rahmen unseres Films »Riskante Reise«, ZDF 2014, hat mein
Kollege Özgür Uludag den »Fuchs« getroffen und einige Tage
begleitet. Sämtliche Zitate stammen aus diesen Interviews; im
Folgenden zitiert als: Interview Özgür Uludag

28  Interview Özgür Uludag, März 2014

29  Ebd.

## Push-Back

1  Siehe: https://www.jurion.de/Gesetze/GFK/33 (zuletzt abgerufen am 30.07.2015) und: http://www.bgbl.de/xaver/bgbl/start.
xav?startbk=Bundesanzeiger_BGBl&jumpTo=bgbl252s0685.
pdf#__bgbl__%2F%2F*[%40attr_id%3D%27bgbl252s0685.
pdf%27]__1439151015003 (zuletzt abgerufen am 09.08.2015) und
siehe Anhang

2  Siehe: http://conventions.coe.int/Treaty/ger/Treaties/Html/005.htm
(zuletzt abgerufen am 09.08.2015)

3  Interview, Januar 2013

4  *Mehr Schutz für Bootsflüchtlinge*, in: amnesty.ch vom 23.02.2012,
siehe: http://www.amnesty.ch/de/laender/europa-zentralasien/
italien/dok/2012/egmr-urteil-bootsfluechtlinge (zuletzt abgerufen
am 30.07.2015) und Kopp, Karl: *Bootsflüchtlinge: Abgefangen, abge-*

*drängt und inhaftiert in Libyen*, in: prosayl.de vom 11.05.2009, siehe: http://www.proasyl.de/de/presse/detail/news/bootsfluechtlinge_abgefangen_abgedraengt_und_inhaftiert_in_libyen/ (zuletzt abgerufen am 03.08.2015)

5  European Court of Human Rights: *Returning Migrants to Libya without Examining their Case Exposed to them to a Risk of Ill-Treatment and Amounted to a Collective Expulsion*, ECHR 075(2012), 23.02.2012, siehe: http://ec.europa.eu/dgs/home-affairs/what-is-new/news/pdf/grandchamberjudgmenthirsijamaaandothersvitaly2302121_en.pdf (zuletzt abgerufen am 30.07.2015)

6  Interview, Januar 2013

7  Report Mainz: *EU treibt Tausende Bootsflüchtlinge zurück nach Afrika*, 05.10.2009, siehe: http://www.swr.de/report/presse/05-eu-treibt-tausende-bootsfluechtlinge-zurueck-nach-afrika/-/id=1197424/did=5455466/nid=1197424/1j4s428/index.html (zuletzt abgerufen am 30.07.2015)

8  Ebd.

9  *Frattini und Schäuble im Interview: Mit Hubschraubern gegen illegale Einwanderung*, in: faz.net vom 29.03.2007, siehe: http://www.faz.net/aktuell/politik/europaeische-union/frattini-und-schaeuble-im-interview-mit-hubschraubern-gegen-illegale-einwanderung-1411064-p2.html (zuletzt abgerufen am 30.07.2015)

10  *Greece: Investigate Pushbacks, Summary Expulsion*, in: hrw.org vom 30.01.2014, siehe: https://www.hrw.org/news/2014/01/30/greece-investigate-pushbacks-summary-expulsions (zuletzt abgerufen am 31.07.2015)

11  *Ein Jahr nach Farmakonisi: Überlebende reichen Klage gegen Griechenland ein*, in: proasyl.de vom 20.01.2015, siehe: http://www.proasyl.de/de/news/detail/news/ein_jahr_nach_farmakonisi_ueberlebende_reichen_klage_gegen_griechenland_ein/ (zuletzt abgerufen am 30.07.2015)

12  Pro Asyl: *Pushed Back. Systematische Menschenrechtsverletzungen an den griechisch-türkischen See- und Landgrenzen*, 2014, S. 7

13  Interview, September 2012

14  Pro Asyl: *Pushed Back. Systematische Menschenrechtsverletzungen an den griechisch-türkischen Land- und Seegrenzen*, S. 7 f.

15  Interview, April 2014

16  Hristove, Tsvetelina/Apostolova, Raia/Deneva, Reda/Fiedler,
    Mathias: *Gefangen in Europas Morast. Die Situation von Asylsuchenden
    und Flüchtlingen in Bulgarien*, 2014, S. 8 f.

17  Human Rights Watch (Hrsg.): *Containment Plan. Bulgaria's Push-
    backs and Detention of Syrian and Other Asylum Seekers and Migrants*,
    S. 3, siehe: http://www.hrw.org/sites/default/files/reports/bulga-
    ria0414_ForUpload_0.pdf (zuletzt abgerufen am 30.07.2015)

18  Bericht eines 21-jährigen afghanischen Flüchtlings, in:
    Human Rights Watch (Hrsg.): *Containment Plan. Bulgaria's
    Pushbacks and Detention of Syrian and Other Asylum Seekers and
    Migrants*, S. 1

19  Amnesty International (Hrsg.): *The Human Cost of Fortress Europe.
    Human Rights Violations against Migrants and Refugees at Europe's
    Borders*, S. 18, siehe: http://www.sos-europe-amnesty.eu/content/
    assets/docs/The_Human_Cost_of_Fortress_Europe_July_2014.pdf
    (zuletzt abgerufen am 31.07.2015)

20  Interview, April 2014

21  http://www.der-zaun.net/spanien/ (zuletzt abgerufen am
    06.08.2015)

22  *El campo de golf de Melilla fue pagado con fondos europeos de
    desarrollo*, in: elpais.com vom 23.10.2014, siehe: http://politica.
    elpais.com/politica/2014/10/23/actualidad/1414070400_799108.html
    (zuletzt abgerufen am 06.08.2015)

23  Ca Minandos Fronteras: *Informe de análisis de hechos y recopilación
    de testimonios de la tragedia que tuvo lugar el 6 de febrero de 2014 en
    la zona fronteriza de Ceuta*, S. 13, siehe: http://ep00.epimg.net/de
    scargables/2014/03/14/9e3e1b6d7a0bdd93bec57dcc94323d74.pdf
    (zuletzt abgerufen am 06.08.2015)

24  Ebd., S. 16

25  Ebd., S. 19

26  Kellner, Hans-Günter: *Spanische Exklave Melilla. Illegales Vorge-
    hen gegen Flüchtlinge?*, in: deutschlandfunk.de vom 01.02.2015,
    siehe: http://www.deutschlandfunk.de/spanische-exklave-melilla-
    illegales-vorgehen-gegen.795.de.html?dram:article_id=307584
    (zuletzt abgerufen am 06.08.2015)

27 Ebd.
28 Ebd.

## Frontex

1 *Longest FRONTEX coordinated operation – HERA, the Canary Islands*, in: frontex.europa.eu vom 19.12.2006, siehe http://frontex.europa.eu/news/longest fiontex-coordinated-operation-hera-the-canary-islands-WpQlsc (zuletzt abgerufen am 10.08.2015)

2 *Frattini und Schäuble im Interview: Mit Hubschraubern gegen illegale Einwanderung*, in: faz.net vom 29.03.2007, siehe: http://www.faz.net/aktuell/politik/europaeische-union/frattini-und-schaeuble-im-interview-mit-hubschraubern-gegen-illegale-einwanderung-1411064.html (zuletzt abgerufen am 11.08.2015)

3 Interview, Juli 2012

4 Interview, Januar 2013

5 Interview, Juli 2012

6 Frontex (Hrsg.): *Frontex Annual Risk Analysis 2015*, S. 18, siehe: http://frontex.europa.eu/assets/Publications/Risk_Analysis/Annual_Risk_Analysis_2015.pdf (zuletzt abgerufen am 10.08.2015)

7 Interview, Juli 2012

8 Ebd.

9 Ebd.

10 Interview, Januar 2013

11 *Europa lässt weiter sterben*, in: proasyl.de vom 23.12.2014, siehe: http://www.proasyl.de/de/news/detail/news/europa_laesst_weiter_sterben/ (zuletzt abgerufen am 30.07.2015)

12 Interview, Januar 2013

13 Interview, Juli 2013 – Zu den Haftbedingungen in Griechenland siehe das Kapitel »Asyl! Asyl?«

14 *Frontex Budget 2015*, in: frontex.europa.eu vom 07.01.2015, siehe: http://frontex.europa.eu/assets/About_Frontex/Governance_documents/Budget/Budget_2015.pdf (zuletzt abgerufen 11.08.2015)

15 Interview, November 2012

16 Interview, Juli 2012

17 Interview, Januar 2013

18 Interview, Oktober 2012

19 ARD-Magazin Monitor: *EU-Agentur Frontex gibt Menschenrechts-verletzungen an EU-Außengrenzen zu. Frontex-Chef Ilkka Laitinen hält Praxis für »nicht akzeptabel«*, in: presse.wdr.de vom 17.10.2013, siehe: https://presse.wdr.de/plounge/tv/das_erste/2013/10/20131017_monitor.html (zuletzt abgerufen am 30.07.2015)

20 Interview, Juli 2015

## Grenzfälle

1 Interview, März 2014

2 Ebd.

3 Ebd.

4 Interview, März 2014

5 *Latest deaths on Mediterranean highlight urgent need for increased rescue capacity*, in: unhcr.org com 15.04.2015, siehe: http://www.unhcr.org/552e603f9.html (zuletzt abgerufen am 11.08.2015)

6 Kadritzke, Niels: *Brüssel liegt nicht am Meer*, in: monde-diploma-tique.de vom 13.11.2014, siehe: http://www.monde-diplomatique.de/pm/2014/11/14/a0036.text (zuletzt abgerufen am 03.08.2015)

7 Report Mainz: *Schwerpunkt auf Rückführung statt Seenotrettung*, in: swr.de vom 23.09.2014, siehe: http://www.swr.de/report/23/fluechtlingspolitik-der-bundesregierung/-/id=233454/did=14107840/mpdid=14222528/nid=233454/rpfxa4/index.html (zuletzt abgerufen am 30.07.2015)

8 Interview, April 2014

9 »Frontex plus« war für kurze Zeit der Name für die Operation »Triton«.

10 Report Mainz: *Schwerpunkt auf Rückführung statt Seenotrettung*, in: swr.de vom 23.09.2014, siehe: http://www.swr.de/report/23/fluechtlingspolitik-der-bundesregierung/-/id=233454/did=14107840/mpdid=14222528/nid=233454/rpfxa4/index.html (zuletzt abgerufen am 30.07.2015)

11 Kadritzke, Niels: *Brüssel liegt nicht am Meer*, in: monde-

diplomatique.de vom 13.11.2014, siehe: http://www.monde-diplomatique.de/pm/2014/11/14/a0036.text (zuletzt abgerufen am 03.08.2015)

12 Scheffer, Ulrike/Simantke, Elisa: *Interview mit dem Chef der EU-Grenzagentur Frontex. »Die Schlepper nutzen Mare Nostrum aus«*, in: tagesspiegel.de vom 24.10.2014, siehe: http://www.tagesspiegel. de/politik/interview-mit-dem-chef-der-eu-grenzagentur-frontex-die-schlepper-nutzen-mare-nostrum-aus/10887754.html (zuletzt abgerufen am 30.07.2015)

13 Kingsley, Patrick/Traynor, Ian: *EU borders chief says saving migrants' lives »shouldn't be priority« for patrols*, in: theguardian.com vom 22.04.2015, siehe: http://www.theguardian.com/world/2015/apr/22/ eu-borders-chief-says-saving-migrants-lives-cannot-be-priority-for-patrols (zuletzt abgerufen am 30.07.2015)

14 Ebd.

15 Jakob, Christian: *Verabredungen zum Sterbenlassen*, in: boell.de vom 30.04.2015, siehe: https://www.boell.de/de/2015/04/30/ verabredungungen-zum-sterbenlassen (zuletzt abgerufen am 03.08.2015)

16 *UNHCR schockiert über Katastrophe im Mittelmeer*, in: unhcr.de vom 15.04.2015, siehe: http://www.unhcr.de/home/artikel/ f7a2ed975190dac0548635b6b5f9726a/unhcr-schockiert-ueber-katastrophe-im-mittelmeer-1.html (zuletzt abgerufen am 30.07.2015)

17 Jakob, Christian: *Verabredungen zum Sterbenlassen*, in: boell.de vom 30.04.2015, siehe: https://www.boell.de/de/2015/04/30/ verabredungungen-zum-sterbenlassen (zuletzt abgerufen am 03.08.2015)

18 *EU will Schlepperboote zerstören*, in: tagesschau.de vom 21.04.2015, siehe: http://www.tagesschau.de/ausland/fluechtlingspolitik-105. html (zuletzt abgerufen am 30.07.2015)

19 *»Khartoum Erklärung«: Wie Europa Flüchtlinge aus Afrika abwehren möchte*, in: proasyl.de vom 05.12.2014, siehe: http://www.proasyl. de/de/news/detail/news/khartoum_erklaerung_wie_europa_ fluechtlinge_aus_afrika_abwehren_moechte/ (zuletzt abgerufen am 11.08.2015)

20 Interview, April 2015

21 Pressemeldung Monitor extra: *EU will bei Fluchtursachen intensiv mit afrikanischen Diktaturen kooperieren. Verhandlungsdokumente belegen Ausmaß der Kooperationen*, in: wdr.de vom 23.07.2015, siehe: http://www1.wdr.de/daserste/monitor/extras/monitorpresse-fluechtlinge-100.html (zuletzt abgerufen am 11.08.2015)

22 EU Observer, 21.05.2015, zit. nach International Crisis Group: *Africa Report*, Nr. 227, 2015, S. 19

23 Kirchner, Thomas: *Europas schmutziger Kampf gegen Flüchtlingsströme*, in: sueddeutsche.de vom 23.07.2015, siehe: http://www.sueddeutsche.de/politik/asylpolitik-geschlossene-gesellschaft-1.2579731 (zuletzt abgerufen am 11.08.2015)

24 Ebd.

25 *EU will Schlepperboote zerstören*, in: tagesschau.de vom 21.04.2015, siehe: http://www.tagesschau.de/ausland/fluechtlingspolitik-105.html (zuletzt abgerufen am 30.07.2015)

26 Jakob, Christian: *Verabredungen zum Sterbenlassen*, in: boell.de vom 30.04.2015, siehe: https://www.boell.de/de/2015/04/30/verabredungungen-zum-sterbenlassen (zuletzt abgerufen am 03.08.2015)

27 Ebd.

28 *Eurosur*, in: frontex.europe.eu, siehe: http://frontex.europa.eu/intelligence/eurosur/ (zuletzt abgerufen am 30.07.2015)

29 Interview, März 2014

30 Studie: *Grenzwertig: Eine Analyse der neuen Grenzüberwachungsinitiativen der Europäischen Union (Zusammenfassung)*, 2012, S. 3, in: boell.de vom 24.05.2012, siehe: http://www.boell.de/de/content/grenzwertig-eine-analyse-der-neuen-grenzueberwachungsinitiativen-der-europaeischen-union (zuletzt abgerufen am 31.07.2015) und: *Europa setzt neues System an seinen Grenzen ein: Eurosur startet*, in: heise.de vom 01.12.2013, siehe: http://www.heise.de/newsticker/meldung/Europa-setzt-neues-System-an-seinen-Grenzen-ein-Eurosur-startet-2058328.html (zuletzt abgerufen am 30.07.2015)

# Asyl! Asyl?

1 Verordnung (EU) Nr. 604 / 2013 des Europäischen Parlaments und des Rates vom 26. Juni 2013 zur Festlegung der Kriterien und Verfahren zur Bestimmung des Mitgliedstaats, der für die Prüfung eines von einem Drittstaatsangehörigen oder Staatenlosen in einem Mitgliedstaat gestellten Antrags auf internationalen Schutz zuständig ist (Neufassung), in: Amtsblatt der Europäischen Union vom 29.06.2013, siehe: http://eur-lex.europa.eu/legal-content/DE/TXT/PDF/?uri=CELEX:32013R0604&qid=1399150600127&from=DE und Bundesamt für Migration und Flüchtlinge (Hrsg.): *Das Bundesamt in Zahlen 2014. Asyl, Migration und Integration*, Nürnberg 2015, siehe: http://www.bamf.de/SharedDocs/Anlagen/DE/Publikationen/Broschueren/bundesamt-in-zahlen-2014.pdf?__blob=publicationFile, S. 35 ff. (zuletzt abgerufen am 13.08.2015)
2 Interview, September 2012
3 Koktsidou, Anna: *Asylpolitik. Griechenlands Abschiebegefängnisse*, in: Deutschlandfunk.de vom 14.08.2015, siehe: http://www.deutschlandfunk.de/asylpolitik_griechenlands_abschiebegefaengnisse.724.de.html?dram:article_id=294158 (zuletzt abgerufen am 13.08.2015)
4 Interview, September 2012
5 Ebd.
6 Ebd.
7 Interview, Januar 2013
8 Ebd.
9 *Studie: Gewahrsam und Zugang zum Asylverfahren (in Griechenland) vom 22.10.2014*, in: http://migrant.diktio.org/node/602, siehe: http://www.borderline-europe.de/sites/default/files/background/Studie_Gewahrsam%20und%20Zugang%20zum%20Asylverfahren.pdf, S. 1 (zuletzt abgerufen am 13.08.2015)
10 Vgl. Koktsidou, Anna: *Asylpolitik. Griechenlands Abschiebegefängnisse*, in: Deutschlandfunk.de vom 14.08.2015, siehe: http://www.deutschlandfunk.de/asylpolitik_griechenlands_abschiebegefaengnisse.724.de.html?dram:article_id=294158 (zuletzt abgerufen am 13.08.2015)

11 Amnesty International: *Greece. The End of the road for refugees, asylum-seekers and migrants*, Dez. 2012, S. 5

12 Interview, Januar 2013

13 *Asylsystem in Griechenland trotz Reform mangelhaft*, in: unhcr.de vom 30.01.2015, siehe: http://www.unhcr.de/home/artikel/a1c-14b35587a7335ad1fbd905e1397ae/asylsystem-in-griechenland-trotz-reform-mangelhaft.html (zuletzt abgerufen am 15.08.2015)

14 Interview September 2012

15 *Asylsystem in Griechenland trotz Reform mangelhaft*, in: unhcr.de vom 30.01.2015, siehe: http://www.unhcr.de/home/artikel/a1c-14b35587a7335ad1fbd905e1397ae/asylsystem-in-griechenland-trotz-reform-mangelhaft.html (zuletzt abgerufen am 15.08.2015)

16 Interview, August 2012

17 Human Rights Watch: *Hate on the streets. Xenophobic Violence in Greece*, in: hrw.org vom 10.07.2012, siehe: http://www.hrw.org/sites/default/files/reports/greece0712ForUpload.pdf (zuletzt abgerufen 30.07.2015)

18 Vgl. Koktsidou, Anna: *Asylpolitik. Griechenlands Abschiebegefängnisse*, in: Deutschlandfunk.de vom 14.08.2015, siehe: http://www.deutschlandfunk.de/asylpolitik_griechenlands_abschiebegefaengnisse.724.de.html?dram:article_id=294158 (zuletzt abgerufen am 13.08.2015)

19 Interview, September 2012

20 Begleitung einer Razzia im September 2012

21 Interview, September 2012

22 Interview, April 2014

23 Ebd.

24 Ebd.

25 Pro Asyl (Hrsg.): *Erniedrigt, misshandelt, schutzlos. Flüchtlinge in Bulgarien*, April 2015, S. 4, siehe: http://www.proasyl.de/fileadmin/fm-dam/NEWS/2015/150415_Bulgarienbericht.pdf (zuletzt abgerufen am 30.07.2015)

26 Ebd.

27 Ebd.

28 Ebd., S. 27f.

29 Center for Legal Aid / Voice in Bulgaria und ACET 2015: *Vulnera-bility and Protection: Identifying vulnerable persons among asylum seekers in Bulgaria*, S. 7

30 Ebd.

31 Amnesty International 2015: *Missing the Point. Lack of Adequate Investigation of Hate Crimes in Bulgaria*, in: amnestyusa.org vom 09.02.2015, siehe: http://www.amnestyusa.org/research/reports/missing-the-point-lack-of-adequate-investigation-of-hate-crimes-in-bulgaria (zuletzt abgerufen am 31.07.2015)

32 Hristova, Tsvetelinag / Apostolova, Raiag / Deneva, Nedag / Fiedler, Mathias: *Gefangen in Europas Morast. Die Situation von Asylsu-chenden und Flüchtlingen in Bulgarien*, 2015, S. 21, siehe: http://bordermonitoring.eu/wp-content/uploads/reports/bm.eu-2014-bulgarien.de.pdf (zuletzt abgerufen am 31.07.2015)

33 Pro Asyl (Hrsg.): *Erniedrigt, misshandelt, schutzlos. Flüchtlin-ge in Bulgarien*, April 2015, S. 35 f., siehe: http://www.proasyl.de/fileadmin/fm-dam/NEWS/2015/150415_Bulgarienbericht.pdf (zuletzt abgerufen am 30.07.2015)

34 Hristova, Tsvetelinag / Apostolova, Raiag / Deneva, Nedag / Fiedler, Mathias: *Gefangen in Europas Morast. Die Situation von Asylsu-chenden und Flüchtlingen in Bulgarien*, 2015, S. 18 f., siehe: http://bordermonitoring.eu/wp-content/uploads/reports/bm.eu-2014-bulgarien.de.pdf (zuletzt abgerufen am 31.07.2015)

35 Ebd., S. 36

36 European Commission against Racism and Intolerance: *ECRI report on Bulgaria*, 2014, S. 9, siehe: https://www.coe.int/t/dghl/monitoring/ecri/Country-by-country/Bulgaria/BGR-CbC-V-2014-036-ENG.pdf (zuletzt abgerufen am 31.07.2015)

37 Ebd., S. 32

38 Hristova, Tsvetelinag / Apostolova, Raiag / Deneva, Nedag / Fiedler, Mathias: *Gefangen in Europas Morast. Die Situation von Asylsu-chenden und Flüchtlingen in Bulgarien*, 2015, S. 5, siehe: http://bordermonitoring.eu/wp-content/uploads/reports/bm.eu-2014-bulgarien.de.pdf (zuletzt abgerufen 31.07.2015)

39 Ghelli, Fabio: *Europa lässt Italien im Stich*, in: zeit.de vom 16.04.2015, siehe: http://www.zeit.de/politik/ausland/2015-04/

italien-fluechtlinge-unterkuenfte-probleme-mittelmeer-mare-nostrum (zuletzt abgerufen 30.07.2015)

40  Borderline europe: *Kurzinformation zur Situation von Flüchtlingen in der Region Sizilien*, Januar 2014, S. 3, siehe: http://www.borderline-europe.de/sites/default/files/readingtips/2014_01_31_Situation_Fluechtlinge_Sizilien_borderline-europe.pdf (zuletzt abgerufen am 30.07.2015)

41  Gleitze, Julia: *Gutachten zum Beweisbeschluss des VG Braunschweig vom 28.09.2012*, S. 32, siehe: http://www.borderline-europe.de/downloads/2012_12_02_Gutachten_Antworten_finale_anonym.pdf (zuletzt abgerufen am 30.07.2015)

42  Ebd., S. 28

43  Ebd., S. 9

44  Ebd., S. 15

45  Ebd., S. 19

46  Pro Asyl: *Flucht ohne Ankunft. Die Misere von international Schutzberechtigten in der EU*, November 2014, S. 6, siehe: http://www.proasyl.de/fileadmin/fm-dam/q_PUBLIKATIONEN/2014/Broschuere-Flucht_ohne_Ankunft-PROASYL-Nov-2014.pdf (zuletzt abgerufen am 30.07.2015)

47  Medecins sans Frontières: *A season in hell. MSF Report on the Conditions of Migrants employed in the Agricultural Sector in Southern Italy*, Januar 2008, siehe: http://www.doctorswithoutborders.org/sites/usa/files/MSF_A_Season_In_Hell.pdf, (zuletzt abgerufen am 30.07.2015)

## Wohin in Europa?

1  bordermonitoring.eu e.V./Pro Asyl e.V. (Hrsg.): *Ungarn: Flüchtlinge zwischen Haft und Obdachlosigkeit. Bericht einer einjährigen Recherche bis Februar 2012*, S. 16, siehe: http://www.proasyl.de/fileadmin/fm-dam/NEWS/2012/PRO_ASYL_-_bordermonitoring_Ungarnbericht_3_2012_Web.pdf (zuletzt abgerufen am 14.08.2015)

2  *Dänemark will Hilfen für Flüchtlinge drastisch kürzen*, in: heute.de vom 02.07.2015, siehe: http://www.heute.de/daenemark-

verschaerft-asylrecht-und-kuerzt-hilfe-fuer-fluechtlinge-39117924.
html (zuletzt abgerufen am14.08.2015)

3 Berger, Peter: *Flüchtling in Calais: Auf den Laster, irgendwie*, in:
fr-online.de vom 23.07.2015, siehe: http://www.fr-online.de/
panorama/fluechtlinge-in-calais-auf-den-lastwagen-irgendwie,
1472782,31293876.html (zuletzt abgerufen am 14.08.2015)

4 Anmesty International (Hrsg.): *Quo vadis Austria? Die Situation
in Traiskirchen darf nicht die Zukunft der Flüchtlingsbetreuung in
Österreich werden*, Wien 2015, siehe: https://www.amnesty.at/de/
view/files/download/showDownload/?tool=12&feld=download&
sprach_connect=332 (zuletzt abgerufen am14.08.2015)

5 *De Maizière prüft Kürzungen der Leistungen für Asylbewerber*,
in: zeit.de vom 14.08.2015, siehe: http://www.zeit.de/politik/
deutschland/2015-08/fluechtlinge-thomas-de-maiziere-taschengeld-
zdf-interview (zuletzt abgerufen am 15.08.2015)

6 *Große Herausforderungen: Bundesinnenminister besucht Zentrale
Ausländerbehörde des Landes Brandenburg und Außenstelle des Bundes-
amts für Migration und Flüchtlinge*, in: bmi.bund.de vom 13.08.2015,
siehe: http://www.bmi.bund.de/SharedDocs/Kurzmeldungen/
DE/2015/08/eisenhuettenstadt-bamf.html (zuletzt abgerufen am
14.08.2015)

7 Agarwala, Anant: *Zeltstadt Dresden. »Im Camp wird unser Grund-
gesetz nicht eingehalten«*, in: zeit.de vom 06.08.2015, siehe: http://
www.zeit.de/gesellschaft/zeitgeschehen/2015-08/dresden-zeltstadt-
fluechtlinge-medizinische-versorgung (zuletzt abgerufen am
17.08.2015)

8 Ebd.

9 Schneider, Jens: *Eisenhüttenstadt: »Das wird nicht schön«*, in: sued-
deutsche.de vom 13.08.2015, siehe: http://www.sueddeutsche.
de/politik/eisenhuettenstadt-gegen-den-strom-1.2607715 (zuletzt
abgerufen am 15.08.2015)

10 *Platz für rund 500 Menschen. Zweites Zeltlager für Flüchtlinge in Eisenhüttenstadt*, in: rbb-online.de vom 25.07.2015, siehe: http://www.
rbb-online.de/politik/thema/fluechtlinge/brandenburg/zweites-
zeltlager-fuer-fluechtlinge-in-eisenhuettenstadt.html (zuletzt
abgerufen am 14.08.2015)

11 Interview April 2014

12 Büchner, Gerold: *Suizid eines Asylbewerbers aus dem Tschad*,
in: berliner-zeitung.de vom 30.05.2013, siehe: http://www.
berliner-zeitung.de/brandenburg/eisenhuettenstadt-suizid-eines-
asylbewerbers-aus-dem-tschad,10809312,22898756.html (zuletzt
abgerufen am 14.08.2015)

13 Sippel, Lilli / Klingholz, Reiner: *Asylbewerber in der BRD*,
2009, siehe: berlin-institut.org/online-handbuchdemografie/
bevoelkerungspolitik/deutschland/asylbewerber-in-der-brd.html
(zuletzt abgerufen am 14.08.2015)

14 Herbert, Ulrich: *Geschichte der Ausländerpolitik in Deutschland*,
München 2001, S. 299

15 Ebd., S. 300

16 Ebd., S. 300 f.

17 Ebd., S. 302

18 Ebd., S. 312

19 *Das verlogene Geschäft mit den Asylanten*, in: bild.de vom
12.04.2015, siehe: http://www.bild.de/politik/inland/politik-inland/
asylbewerber-in-deutschland-15-fragen-40508564.bild.html
(zuletzt abgerufen am 14.08.2015)

20 *Flüchtlinge in Deutschland: Willkommen*, in: sueddeutsche.de vom
24.07.2015, siehe: http://www.sueddeutsche.de/politik/fluechtlinge-
in-deutschland-willkommen-1.2580850 (zuletzt abgerufen am
14.08.2015)

21 Bundesministerium des Innern: *Verfassungsschutzbericht
2014*, S. 28, siehe: http://www.verfassungsschutz.de/embed/
vsbericht-2014.pdf (zuletzt abgerufen am 15.08.2015)

22 Ebd., S. 35

23 *Asylbewerber: Angriffe auf Flüchtlingsheime bleiben meist unauf-
geklärt*, in: zeit.de vom 26.07.2015, siehe: http://www.zeit.de/
politik/deutschland/2015-07/fluechtlinge-unterkunft-anschlag-
aufklaerungsquote (zuletzt abgerufen am 14.08.2015)

24 Bundesministerium des Innern: *Verfassungsschutzbericht 2014*,
S. 36

25 *Asylbewerber: Deutlich mehr Übergriffe auf Flüchtlingsheime*, in:
zeit.de vom 23.07.2015, siehe: http://www.zeit.de/gesellschaft/

zeitgeschehen/2015-07/fluechtlingsunterkuenfte-uebergriffe-
anstieg (zuletzt abgerufen am 14.08.2015)

26 *Merkur-Interview mit Ministerpräsident Seehofer zu Asyl: Merkel hat
ernste Lage erkannt*, in: merkur.de vom 25.06.2015, siehe: http://
www.merkur.de/politik/horst-seehofer-asyl-merkel-ernste-lage-
erkannt-5165954.html (zuletzt abgerufen am 14.08.2015)

27 Meisner, Matthias: *Pegida, Freital, Meißen und die CDU. In Sachsen ist was faul*, in: tagesspiegel.de vom 29.06.2015, siehe: http://
www.tagesspiegel.de/politik/pegida-freital-meissen-und-die-cdu-
in-sachsen-ist-was-faul/11982850.html (zuletzt abgerufen am
14.08.2015)

28 *Flüchtlinge: Tumulte bei Bürgerversammlung in Freital*, in: zeit.de vom
07.07.2015, siehe: http://www.zeit.de/politik/deutschland/2015-07/
freital-buergerversammlung-tumulte (zuletzt abgerufen am
16.08.2015)

29 Interview Juni 2015

30 Ebd.

31 Ebd.

32 Bertelsmann Stiftung: *Die Arbeitsintegration von Flüchtlingen
in Deutschland. Humanität, Effektivität, Selbstbestimmung*, 2015,
S. 4, siehe: https://www.bertelsmann-stiftung.de/fileadmin/
files/Projekte/28_Einwanderung_und_Vielfalt/Studie_IB_Die_
Arbeitsintegration_von_Fluechtlingen_in_Deutschland_2015.pdf
(zuletzt abgerufen am 17.08.2015)

33 Ebd., S. 16 f.

34 Ebd., S. 17

35 Ebd., S. 20

36 Bundesamt für Migration und Flüchtlinge: *Das Bundesamt in Zahlen
2014. Asyl, Migration und Integration*, 2014, S. 49, siehe: http://www.
bamf.de/SharedDocs/Anlagen/DE/Publikationen/Broschueren/
bundesamt-in-zahlen-2014.pdf?__blob=publicationFile (zuletzt
abgerufen am 15.08.2015)

37 Interview, April 2014

38 Ebd.

39 Wittrock, Philipp: *Streit in der Union: Widerstand gegen Merkels
Einwanderungsgesetz*, in: spiegel.de vom 25.07.2015, siehe: http://

www.spiegel.de/politik/deutschland/einwanderungsgesetz-merkel-plan-sorgt-fuer-streit-in-union-a-1045332.html (zuletzt abgerufen am 14.08.2015)

40 Bertelsmann Stiftung: *Die Arbeitsintegration von Flüchtlingen in Deutschland. Humanität, Effektivität, Selbstbestimmung*, 2015, S. 29, siehe: https://www.bertelsmann-stiftung.de/fileadmin/files/Projekte/28_Einwanderung_und_Vielfalt/Studie_IB_Die_Arbeitsintegration_von_Fluechtlingen_in_Deutschland_2015.pdf (zuletzt abgerufen am 17.08.2015)

41 *Zulassung zum deutschen Arbeitsmarkt*, in: auswaertiges-amt.de, siehe: http://www.auswaertiges-amt.de/sid_33B7F7B745FC777282D724D3651EEE12/DE/EinreiseUndAufenthalt/LernenUndArbeiten/ArbeiteninD_node.html und Heinrich-Böll-Stiftung: *Welcome to Germany III. Visapolitiken und Willkommenskultur*, S. 9 ff., siehe: https://www.boell.de/sites/default/files/welcome_to_germany_3.pdf (zuletzt abgerufen am 16.08.2015)

42 Lobenstein, Caterina: *Einfach zum Arzt gehen*, in: zeit.de vom 30.05.2015, siehe: http://www.zeit.de/feature/krankenversicherung-fluechtlinge-hamburg (zuletzt abgerufen am 14.08.2015)

43 Cwiertnia, Laura: *Die Bildungsbürger*, in: zeit.de vom 27.05.2015, siehe: http://www.zeit.de/feature/schulabschluss-fluechtlinge-bildung-bayern (zuletzt abgerufen am 14.08.2015)

44 Ebd.

45 *Refugees shun Sweden over long waiting times*, in: thelocal.se vom 23.07.2015, siehe: http://thelocal.se/20150723/refugees-shun-sweden-over-long-waiting-times (zuletzt abgerufen am 14.08.2015)

46 Interview, April 2014

47 Ebd.

48 Dibbern, Simmonetta: *Syrische Flüchtlinge. Schweden sagt Willkommen*, in: deutschlandfunk.de vom 11.06.2014, siehe: http://www.deutschlandfunk.de/syrische-fluechtlinge-schweden-sagt-willkommen.795.de.html?dram:article_id=288833 (zuletzt abgerufen am 14.08.2015)

49 Bundesamt für Migration und Flüchtlinge: *Das Bundesamt in Zahlen 2014. Asyl, Migration und Integration*, 2014, S. 23, siehe: http://www.

bamf.de/SharedDocs/Anlagen/DE/Publikationen/Broschueren/
bundesamt-in-zahlen-2014.pdf?__blob=publicationFile (zuletzt
abgerufen am 15.08.2015)

## Was zu tun ist

1 *Ärzte ohne Grenzen behandelt durch Blendgranaten Verletzte an
   griechischer Grenze*, in: aerzte-ohne-grenzen.de vom 21.08.2015,
   siehe: https://www.aerzte-ohne-grenzen.de/verletzte-durch-
   blendgranaten-an-griechisch-mazedonischer-grenze (zuletzt
   abgerufen am 25.08.2015)
2 *Contributions to UNHCR. For Budget Year 2014 as at 31 December
   2014*, in: unhcr.org vom 07.04.2015, siehe: http://www.unhcr.
   org/536c960a9.html (zuletzt abgerufen am 22.08.2015)
3 Frontex: *Code of Conduct. For all Persons participating on Frontex
   activities*, siehe: http://frontex.europa.eu/assets/Publications/
   General/Frontex_Code_of_Conduct.pdf (zuletzt abgerufen am
   25.08.2015)
4 *Richtlinie 2011/95/EU des Europäischen Parlaments und des Rates vom
   13. Dezember 2011*, in: Amtsblatt der Europäischen Union vom
   20.12.2011, siehe: http://eur-lex.europa.eu/LexUriServ/LexUriServ.
   do?uri=OJ:L:2011:337:0009:0026:DE:PDF (zuletzt abgerufen am
   13.08.2015)
5 Pro Asyl: *Flucht ohne Ankunft. Die Misere von international Schutzberechtigten in der EU*, November 2014, S. 12, siehe: http://www.
   proasyl.de/fileadmin/fm-dam/q_PUBLIKATIONEN/2014/Broschuere-
   Flucht_ohne_Ankunft-PROASYL-Nov-2014.pdf (zuletzt abgerufen
   am 22.08.2015)
6 Interview, September 2012
7 Meisner, Matthias: *Der braune Mob von Heidenau*, in: zeit.de
   vom 22.08.2015, siehe: http://www.zeit.de/gesellschaft/
   zeitgeschehen/2015-08/heidenau-fluechtlinge-ausschreitungen-
   polizei (abgerufen zuletzt am 22.08.2015)
8 *Arbeitsmigration*, in: bmi.bund.de, siehe: http://www.bmi.
   bund.de/DE/Themen/Migration-Integration/Zuwanderung/

Arbeitsmigration/arbeitsmigration_node.html (zuletzt abgerufen am 23.08.2015)

9 Steinhage, Martin: *Migrationsforscher Herbert Brücker: »Wir brauchen ein modernes Einwanderungsrecht«*, in: deutschlandradiokultur.de vom 21.03.2015, siehe: http://www.deutschlandradiokultur.de/migrationsforscher-herbert-bruecker-wir-brauchen-ein.990.de.html?dram:article_id=314566 (zuletzt abgerufen am 23.08.2015)

10 Dobbert, Steffen / Exner, Maria / Jacobsen, Lenz: *Was ein Einwanderungsgesetz braucht*, in: zeit.de vom 13.08.2015, siehe: http://www.zeit.de/feature/einwanderungsgesetz-deutschland-asylbewerber-zuwanderung (zuletzt abgerufen am 23.08.2015)

11 Sammet, Stefanie: *Pflege-Notstand macht Kliniken erfinderisch. Deutsche Krankenhäuser locken spanische Pfleger*, in: focus.de vom 11.07.2013, siehe: http://www.focus.de/finanzen/karriere/berufsleben/tid-32286/personalsuche-in-krankenhaeusern-pflege-notstand-macht-kliniken-erfinderisch_aid_1039521.html (zuletzt abgerufen am 25.08.2015)

# Anhang

1 Siehe: http://www.un.org/depts/german/menschenrechte/aemr.pdf (zuletzt abgerufen am 15.08.2015)
2 United Nations, Treaty Series, Vol. 189, S. 137, deutsche Übersetzung: BGBl. II 1953, S. 559
3 Siehe: http://frontex.europa.eu/assets/Publications/General/Frontex_Code_of_Conduct.pdf (zuletzt abgerufen am 12.08.2015)